# 『この世界の片隅』を生きる

## ～広島の女《ひと》たち～

堀　和恵

郁朋社

# はじめに

二〇一六年秋、映画『この世界の片隅に』が公開された。ヒロシマを生きる主人公すずのひたむきな姿が心をうつ。二〇〇万人もの人が映画館に足を運び、現在も上映が続く異例のロングランだ。

その中でも多くの若者がこの物語に共感し、映画化のためのクラウドファンディング（ネットによる資金調達、協力）に参加した。この事実は、私たちに明るい未来を予感させる。政治離れをいわれて久しい、若者たちの心を動かしたものは、はたして何だったのだろうか。

映画の原作は、広島生まれの漫画家こうの史代《ふみよ》の『この世界の片隅に』だ。これは同じく広島出身の作家、山代巴《やましろともえ》の『この世界の片隅で』に、大変題名が似ている。

また、こうの史代には、『夕凪の街　桜の国』という作品もある。これも広島で生まれた作家、大田洋子《おおたようこ》の『夕凪の街と人と』『桜の国』に似た題名となっている。こうのは広島の原爆作家二人に敬意を表して、似た題名としたのだろうか。あるいは、その内容の中に、この二人から何か受け継いでいるものがあるのだろうか。今はまだわからない。

こうのはかつてこういっていた。「私は原爆作家になるわけにはいかない」――広島の中には、「原爆」をわがものとする争いがあったという。そして一九六八年に生まれたこうのは、その争いをさんざんみせられてきたという。こうのは『この世界の片隅に』で、あえて広島を離れた呉から、自分の居場所をみつけようとする、すずの日常の暮らしを描いた。

今、被爆者の高齢化が進んでいる。やがて実際に原爆を体験した人の声を直接に聴くことは、できなくなるだろう。この作品には、これからの私たちが「平和」を考え伝えていける道への、示唆があるのではないだろうか。

私は『この世界の片隅に』を軸として、広島の女《ひと》たちをみていきたい。

まず、山代巴、大田洋子、そしてこうの史代という三人の女性作家をみていこうと思う。

そして、実際に「原爆」を体験された早志百合子《はやしゆりこ》さんにお会いし、最後に若きボランティアである保田麻友《やすだまゆ》さんにも会ってみた。

まず、『この世界の片隅で』を書いた山代巴の人生について触れてみたい。山代もまた、こうのとおなじく「絵」の世界に魅せられていた。

# 『この世界の片隅』を生きる／目次

装丁／宮田麻希

# 第一章

# 山代巴

——『この世界の片隅』で

## 広島で生まれて

山代巴は一九一二年（明治四五年）六月四日、広島県芦品《あしな》郡栗生《くりぶ》村（現府中市栗柄町《くりがらちょう》）に生まれている。山代が生まれたあたりは、登呂茂谷《とろもたに》と呼ばれていた。

標高二六〇メートルの土居山から寺坂川に向かう斜面に、約四〇戸が住んでいた。竹やぶを揺する風、大きな藁葺き屋根、谷川の洗濯場の井戸端会議。石清水の沢蟹、柿の実をつつく小鳥、草取りをするおばさん、稲穂の波――日本の原風景そのものであった。

山代は七人姉弟の四女として生まれた。三人の女の子が続き、次は男の子と期待していた両親にとって四女の誕生はあまり歓迎されなかった。名前もなかなかつけてもらわれず、不憫《ふびん》に思った祖父は「水の湧き出る所」という意味を込めて「巴」と名づけた。

山代の生家は徳毛《とくも》家といい、祖父は村長を務め、父は助役を務めるなど村の名士であり地主でもあった。だが、村政を引退した祖父がはじめた煉瓦《れんが》工場が、大量生産の煉瓦に押されて倒産した。祖父が亡くなった後、祖父が押した請判《うけはん》（連帯保証人）がもとで、父は土蔵を売り払い、母屋と納屋と二反の田だけを残して、没落者の悲哀を味わうことになった。山代が小学校に上がる直前のことであった。

家計はにわかに困窮し、父の役場の給料は姉たちの学費などに消えていき、家にはいくらも回らなかった。姉たちは他家へ嫁いだり、遠い町の女学校に寄宿していた。山代は姉弟の中で、誰よりも早く農家の子になりきっていった。

冬になると、天気のよい日は山に入り、落ち葉や枯れ枝を集めて薪《まき》にした。雪の夜は指先が感覚を失うほどの寒さの中で糸車を回し、わずかの内職金を稼いだ。庭の空き地に韮《にら》や蕗《ふき》、茗荷《みょうが》などを植えることを母に勧めたのも山代であった。彼女は小学校に行っても雨が降れば家を、晴れれば田畑をいつも心に描いていた。教科書よりも「生きる」ということと大自然の方に、彼女の興味は向けられたのだった。

つい先日までは大きな門より外へあまり顔を出したこともなかった母が、田畑を耕すことをはじめてから、みるみるうちに手は荒れ顔は黒くなり、昔の面影はどこにも見出されないほどに変わっていった。一方、山代の心には先日までは知らなかった新鮮な太陽が輝きはじめ、大地に芽吹くものすべてにひきつけられた。

ある時のことである。山代は一人の農婦が草を背負ってつまずかないように、山から下りてきたところに出会った。すると道端の木の根のところで、赤ん坊を背に母の帰りを待っていた子どもが、泣き声で母を呼んだ。背中の赤ん坊は、汗と涙で暑苦しそうな顔で泣きわめいている。農婦が赤ん坊を抱きとると、赤ん坊は泣きじゃくりながら乳を探した。農婦が胸を開くと、乳が赤ん坊の顔へ吹きかけるようにほとばしり出た。みると、乳のあたりの着物はビッショリ濡れていた。乳と汗が一緒になったような香りと共に、朝の光を受けたこの光景は、なぜか山代の脳裏に永く残った。

## 絵の道を志して

栗柄小学校を卒業した山代は、一九二五年（大正一四年）に府中高等女学校に入学した。最初の図画の時間は、水が入ったコップの鉛筆画だった。北の窓には光をさえぎるための黒いカーテンがかけられていた。山代の前のコップは、光の加減で黒くみえた。彼女は初めて使う4Bの鉛筆でコップを黒く塗りつぶし、南の窓の部分を白く残すだけの絵に仕上げた。

担当の渡辺先生は、山代の絵の前で立ち止まり、その絵を額に入れてみなに示した。「窓ガラスがガラスのコップにも、コップの中の水にも反映している。それが水とガラスの質の差によって、まったく違った感じにみえていることを、この人は実に正確に、また印象的にみている」と激賞してくれた。

小学校時代には、山代は絵をほめられたことはなかった。水盤に生けた水仙を真上から描いて叱られたことがあった。また硯《すずり》を描いた時は、自分の目から一番遠い位置にある硯の海の部分を大きく描いた。「遠近法も知らんのか」と笑われた。そんな絵を渡辺先生にみせると「面白いなあ」と認めてくれた。そして「あんた、絵描きにならんか」と励ましてくれた。この渡辺先生の言葉が、山代の転機となった。

夏休みに山代は、わが家の桑畑の古い柿の木の下で画板を開き、農家や棗《なつめ》の木やノウセンカズラなどを描いた。夏休みが明けるとすぐに渡辺先生にみてもらった。すると、「この絵には人が一人もいない。ミレーの絵をみてごらん」と指摘された。それから山代はミレーに強く惹かれていくようになった。

ミレーの絵の中には、人の温もり、人の息づかいが感じられた。ミレーはパリの郊外、バルビゾンの片田舎で自ら百姓としても暮らした。山代も納屋の農機具を描きながら、それを使う農民の生活を読み取ろうとした。川沿いの貧しい家々を克明にスケッチしながら、その生活ぶりを想像しようとした。山代はこう述べている。

「深山に立昇る煙を見出す事は、いと容易な事であるが、そこに生活する炭焼きの生涯と共に観察するようになる事は容易ではない。『観る』という事は『生きる』という事の追求とはなれては成長しないという事を、自分なりにせよ、女学生時代にわがものとして把握できたのは、私が幼時になめてきた労苦の賜物であったと思います」

山代に転機を与えてくれた渡辺先生は、突然転任することになった。うわさによると「校長先生と教育方針で意見が合わず左遷される」とのこと。別れのあいさつで壇上に立った渡辺先生は「どうか、現実を直視して真実をみる姿勢を忘れないでほしい」と語った。そして山代には「日記に嘘を書くよりは、絵を描け」といい残していった。以後、山代は日記には絵を描くことにした。忘れがたい出会いであった。

街中の女学校へは、登呂茂谷から四キロかかった。山代はこの道のりを四年間、ときに川端の厳しい暮らしに思いを馳せながら、ときに詩集やトルストイを読みながら通った。

トルストイは、姉文枝の影響だった。

## 東京に出て

一九二九年（昭和四年）、山代は東京の女子美術専門学校（現・女子美術大学）の洋画師範科に入学した。修業年限は四年であった。姉の文枝が自分の貯金を差し出してくれたのだ。山代も自分の油絵や水彩画を売ったり、紙芝居の絵描きのアルバイトもした。二学期の校内コンクールでは一位になり、三学期には春陽会の展覧会で入選した。

だが山代は、まわりのお嬢様然とした級友にはなじめなかった。多くの級友は都会の中流家庭でのびのびと育ち、きれいな東京言葉で話し、華やかに笑い合っていた。

一九三一年（昭和六年）の春、山代はあの幼い頃からあたためてきた光景をエスキース（下絵）として描いた。――夏の朝、強烈な陽光が朝霧を貫き、木の間に降り注いでいる。木の根元に背負ってきた草を寄せかけ、一人の農婦が胸を開いて赤ん坊に乳を含ませている絵だ。

山代はこの絵を、洋画家三岸好太郎《みぎしこうたろう》にみてもらった。三岸はこういった。

「色彩の新鮮さ、人物の迫力、ともに素晴らしい絵になるだろう。ことに白い乳の雫《しずく》が赤ん坊の顔にこぼれているのを拭《ぬぐ》おうとする、母親の労働にきざまれた大きな手がいい。あたりに差す朝の光は、実に快調だ」。そしてこう続けた。

「こういう大きなテーマはあせってはいけない。一〇〇号（二畳弱くらいの大きさ）程度の大作にしてみてはどうか」

だが山代は、三〇号のカンバス（画布）さえ買うお金がなかった。それにそんな大作に挑むための制作時間は、アルバイトで学費を稼いでいる山代には取ることはできなかった。

実はこの農婦の絵の他にも、山代には描きたいと思い、頭の中で幾度も幾度も構想を練っているテーマがかなりあった。制作の環境さえ恵まれれば、一気に描きたいと思っていた。しかし三岸は、画家はパトロンなしに生活するのは難しいこと、とくに女子は濁流に巻き込まれやすいという、現実を教えてくれた。

山代は煩悶した。そんな山代の苦悩をみてとった三岸は、最後にこうしみじみと語った。

「芸術とは生活の創作だと自分は思う。その創作は、あながち画布の上にのみ表現しなくとも、社会的生活の上にでも表現できはしないか。一口には言えぬが、自分の言葉をかみしめて、何かの参考にしてくれたまえ」

この三岸の言葉は、山代を十字路に立たせることとなった。

## 十字路に立って

一九三一年は、昭和恐慌のまっただなかだった。失業者三〇〇万人の時代で、大凶作の年でもあった。山代が通う洋画師範科を卒業しても、良い手引きがなければ教師にもなれなかった。むしろ職業美術家のほうが、収入の点では確実でないかと思われた。また三岸の言葉も、事実は言葉以上に厳しいと思われた。そして学校に通い続けるために、多くの金と時間を注ぎ込むことは、山代にとってはかなりの重荷となっていた。

山代は両親などとも相談して、三年生の秋で学校を中退することにした。そして職業美術で収入を得、かたわら絵の制作に精進しようと決心した。

その夏、山代は心身の静養もかねて、久しぶりに登呂茂谷に帰省した。山の緑、生きた天地、活動する人びと――ここに「ライフ」があると改めて実感した。土に生まれ、土に死す農民の生涯が、この風景の中に約束されている。山代はこれらの命の躍動を、カンバスの上に表現したいという思いにかられた。

東京に戻る際、父は十円札を渡してくれた。当時すでに、十円というお金は徳毛家にとって大金だった。東京駅までは学生割引で八円かかった。切符を買ったら手元には二円しか残らない。山代は見送りにきてくれた母に「お母さん、一円ない？」と聞いた。すると母は「一銭も持たんのじゃ」とすまなさそうにいった。

母が一銭も持たないのは、貧しさのせいばかりではなかった。女というものは、自分の自由になる金など持てないものとされてきたのである。山代は東京までの長い時間、汽車に揺られながら、ずっと母のことを考えていた。一銭の自由も持とうとしない、いや持てなかった母の暮らしや、谷間の女たちの暮らしを思うと、涙が止まらなかった。

そしてその母自身は、どんな気持ちだったのだろうか。後で聞いたことなのだが、母は山代の乗った汽車が走り出すと、ホームを懸命に走って追いかけたという。やがて汽車の姿がみえなくなると、いつまでも線路に耳を押し当てて、遠ざかる汽車の音を聞いていたのだという。

## プロレタリア美術研究所

この頃、一九三一年春、三岸のアドバイスを受け山代は煩悶していた。

山代は、西武線椎名町《しいなまち》駅近くの家の家庭教師をしていた。ある日のこと、その家に向かって歩いていると、白いペンキを塗った看板が目に入ってきた。よくみると「プロレタリア美術研究所」と書いてある。誘われるように入っていくと、ヒノキの生垣の中にアトリエ風の家があった。

そして山代は、椅子に座って絵を描かせてもらった。素描と油絵が中心だった。バスの車掌さんがモデルになってくれた。また研究所のみんなが、かわるがわるモデルになっていた。そんな研究所はあたたかな雰囲気だった。

こうして山代も、プロレタリア美術研究所のメンバーとなったのである。受講料は庶民が通えるように安くなっており、貧しい山代にもなんとか賄えそうな金額だった。女子美術学校中退の決意の底には、プロレタリア美術研究所での、この体験があったのである。

プロレタリア美術研究所のビラにはこうある。

「美術を愛好する労働者ならびに進歩的美術家諸君！　資本主義諸国においては、その政治的、経済的危機とともに、美術もまた袋小路にはいった。反動支配は美術家大衆の憤激と反抗にもかかわらず、美術家の創作展覧の自由を奪い、生活の根底を根こそぎし、一握りのブルジョワジーの特権地位を守るために、死にもの狂いになっている」

校長の矢部の作品からも、山代は強い影響を受けている。矢部は作品に向かう時、形や陰影の正確さよりも、まず暗いものを否定し、明るさ、健康さ、逞《たくま》しさを肯定した。ペシミズム（厭世主義）は没落する階級が背負うものという思想が根底にあったのである。山代がやがて労働者の生活に惹かれていくようになるのは、この矢部の影響が大きい。

山代も共同田植えに参加して農民運動の実際を知っていったり、ピオネール（プロレタリア少年団）の先生になってオルガンを弾いたりもした。

またある時スケッチに出かけた先で、山代は衝撃を受けることになる。散策で足を踏み入れたのは、板橋・岩の坂の「貧民窟」であった。不潔極まる、通風はおろか光線も入らぬような部屋で、暗い目をした人びとが生活をしていた。そして乞食の群れとなって、タワシ、マッチなどを携え行商人を装っては、実は物貰いに行き生活の糧を得ていた。

晩年の山代はこの時のことをこう振り返っている。——「今までの自分のヒューマニズムを反省し、トルストイなどを読み直し、生活を一変させようと決心した」。山代の思想上の大きな転換点であった。

そして、雑誌『ナップ』に載った蔵原惟人《くらはらこれひと》の「プロレタリア芸術運動の組織問題」を読んで、「工場街の労働者」に自分の生きるテーマを求めるようになった。

かつての三岸の言葉「画布の上ではない、社会的生活の上での生活の創作」の場を、自分なりに掴んだのだった。

そして一九三二年四月、二〇歳を迎えようとする山代は日本共産党に入党した。

## 山代吉宗との出会い

山代巴が吉宗と初めて顔を合わせたのは、一九三七年（昭和一二年）の勉強会の場であった。吉宗は、色が白く広い額と涼やかな目が印象的であった。

山代吉宗は一九〇一年（明治三四年）、福島県の磐城《いわき》炭鉱の飯場頭の長男として生まれた。明治大学で経済学を学び、坑夫解放のために尽くそうと、二〇歳で父の飯場を継いだ。

当時、炭鉱の飯場頭には、学問のある人はならないといわれていた。吉宗は中間搾取の半減、借金の棒引きをした。さらに飯場の広場を開放して、創作童話を語る子ども会を開き、青年たちには『種蒔く人』などの雑誌を回覧した。吉宗は労働者からの熱い人望を集めていた。そして徳毛巴は、山代巴となった。巴二五歳、吉宗三六歳であった。

一九三九年（昭和一四年）、ドイツがポーランドに侵入、英・仏がドイツに宣戦布告してついに第二次世界大戦が勃発した。この年、男三人が突然、山代家に訪ねてきた。彼らはその時代、たがいに接触してはいけない確信犯（非転向）の共産党員だった。吉宗は驚いていった。「君らが一緒のところを特高が見たら捕まるぞ。三人でうちへ来たことがわかれば、僕らも捕まるんだから」

一九四〇年（昭和一五年）五月、吉宗と巴は警視庁特高に逮捕された。川崎署で吉宗と巴は一緒になったが、すぐに吉宗は東京の赤坂表町署へ、巴は大井署へ送られることになった。二人は無言で「さよなら」の合図に手を振り合って別れた。だがこれが、二人の永遠の別れとなってしまうのである。この時、巴には吉宗との子どもが宿っていた。

大井署の留置場は、三畳に一四人がすし詰めになり、トイレもままならぬほど劣悪極まりない状態だった。山代は環境の変化と精神的な衝撃で流産をしてしまった。またその処置を、看守の目の前でやらねばならなかった。留置場内の男性たちから好奇のマトにされ、口に出せないほどのヒワイな言葉を投げつけられた。それは山代にとって、生涯にわたって残り続ける屈辱感となった。

一九四二年（昭和一七年）八月、吉宗には「治安維持法違反」で懲役八年の判決が出た。山代巴には「治安維持法違犯幇助《ほうじょ》」で、懲役四年（未決通算三〇〇日）の判決が出た。

## 刑務所の中で

一九四二年（昭和一七年）九月、山代は広島県北部の三次《みよし》刑務所へ送られた。福山駅に到着した途端、備後なまりの言葉が耳に入ってきた。山代は福塩《ふくえん》線のホームのベンチで汽車の時間待ちをしている間、自分を知る者が現れはしないかとおそれた。やがて汽車の窓から、山代が生まれ育った府中の町やなつかしい山々がみえてきた。

やがて三次盆地に入った。三次市は「川の町、霧の海」として名高く、冬には冷たい霧が木々の枝に氷の花を咲かせるほどの寒冷の地だった。山代は七年ぶりの思想犯として、一般受刑者から隔離され、「赤、非国民、国賊」というむきだしの敵意を受けた。厚い木格子の吹きさらしの独房には、雪が降り込み零下一二度にも底冷えした。山代は三〇キロまで痩せ衰えた。

山代の最初の味方は、重懲罰房の主、前科二二犯のイッチョメだった。彼女は赤ん坊の時に「子取りぞう」と呼ぶ賊《ぞく》にさらわれてサーカスに売られた。その後そこを逃げ出してからは、保護者もなく窃盗を繰り返した。三次刑務所へは一〇回以上も出入りしていた。ここは彼女の老後の安住の場となっていたのである。イッチョメとは片眼という意味であった。

山代が三次刑務所に入った日の夕方、促されて浴室に足を踏み入れると、白髪で片眼の上気した顔があった。山代をみるなり「踏まれても根強く忍べタンポポの花、やがて花咲く春や来ぬらんだ。曲がりんさんなよ。弱気を出して曲がったら思想犯の値打ちはないぞ」と、張りのある声でいった。

サーカスで鍛えたこの女囚イッチョメは、看守たちを撹乱しながら、ホカホカの牛蒡《ごぼう》の煮しめや丸餅、畑の野菜などを次々と「収穫」し、山代におすそ分けしてくれた。このイッチョメのおかげで、厳しい三次刑務所を山代は生き延びたといえる。

吉宗には一九四三年（昭和一八年）二月、東京控訴院において懲役七年（未決通算三〇〇日）の判決が下りた。そして広島の吉島刑務所で服役することになった。山代は吉宗との往復書簡や、両親の手紙などに心あたためながら、三次刑務所での暮らしを耐えていくことになる。だが服役者の手紙は、許可がないとポストへは投函されず、また来た手紙も許可がないとなかなか本人に渡らなかった。

女看守の重森クラは、なにかと山代に親切にしてくれた。「山代さんは教養があって、やさしくて雑草のようにねばり強い人」と後年、こう語っている。ある日、重森看守が就寝の号令をかけながら、山代の格子戸に近寄ってきた。「早く読んでね」と押し殺した声でいい、葉書を差し出した。それはなつかしい吉宗からの便りだった。

葉書は「愛する巴」ではじまっていた。そして新潮社の『人間はどれだけのことをしてきたか』を読んでみるように勧めてくれて、県北での厳しい冬を気遣ってくれているものだった。最後には「心からの堅い握手を送る。君の吉宗より」とあった。

重森看守は葉書を官服の袂《たもと》へ急いで入れて、立ち去ろうとした。その時、山代は「この葉書のどこがいけないのでしょうか？」と小声で聞いてみた。重森看守も小声でいった。「天皇陛下のご恩を書いた所がないのがいけないのよ。普通の懲役ならたいていそう書くのに、その礼儀をしないのが気にいらないのじゃないかしら？　でも、私はうれしい。あなたが手紙を読むことができたから」

この重森クラは、山代が獄中で書いた「手記」をひそかに書き写して持ち出し、大切に保管してくれることになるのである。

ある時、隣の房から物悲しい子守歌が聞こえてきた。

「蕗《ふき》のとうは十歳《とう》になる　子守は七つの親なし子……」

と歌われて、決まった文句があるわけでもなく、よく聞くとそれはその人自身の人生の物語りだった。――彼女は孤児となり七歳で子守りに出された。そして山間の貧農に嫁いだ。姑は嫁を酷使して子どもの運動会にも行かせなかった。やがて夫のウイチは突然、女を連れてきた。彼女が部屋を掃除しようとすると、ウイチは「アカギレの足でこの畳を踏むな」と蹴落とした。彼女は兵役に出たきりの息子の名前を呼びながら、いつのまにか家に火をつけていた。炎はすべてを焼き尽くし、彼女は井戸に身を投げたがみつけられた。そして懲役七年を宣告されたのだ。

この女囚をはじめ、刑務所にはさまざまな人生があった。家制度の重圧に刃向かい法を踏み越えた女たち、苦界から抜け出そうとして罪を犯した女たち、男社会から弾き出され、はみ出して生きざるをえなかった女たち――その慟哭や情念、したたかさや一途さに山代は寄り添い学んでいった。山代は思想犯という高みから降りて、女囚仲間や看守たちとの、体まるごとで受け止めあうような心の交流を続けていったのだ。後年、山代は「刑務所は私の大学だった」と語っている。

一九四四年（昭和一九年）三月、山代は和歌山刑務所へ移ることになった。そこは三次刑務所とは違い、鉄筋の建物で気候も温暖であった。だがここでの懲罰は厳しく、女囚はすべて数として扱われた。一緒に三次からたどり着いた肺結核の女囚は、まだ息のあるうちに廊下に出され、死人として運び出されていった。砂糖、油、塩などの受刑者用の最低限の配給物資も横流しされ、女囚たちは飢餓地獄の中にあった。また八十日に一度の入浴という不衛生さの中で、結核、疥癬《かいせん》などの病人が増え続け重症化していった。

翌一九四五年（昭和二〇年）一月、山代は弟からの手紙で吉宗の獄死を知ることになる。遺体を引き取りに行った弟の宜策《ぎさく》は、二八キロにまでやせ衰えた吉宗の落ちくぼんだ眼窩《がんか》に、粉雪が降りかかるのを絶叫したい思いで胸に刻んだという。

山代の打撃は測りしれなかった。だが、最後の吉宗からの葉書を繰り返し読んで耐えた。

「時はかならず春をもたらす。もうすぐ春だ。元気で元気で春を待ちなさい」

六月、本土への空襲は日増しに激しくなっていった。山代は過労と栄養失調から腎盂炎《じんうえん》に感染した。一時は高熱で意識不明となった。衰弱しきった山代は、八月一日に仮釈放となった。五年三ヶ月におよぶ投獄生活は終わった。そして命からがら広島の登呂茂谷に帰りついた。

## 文章表現に活路を見だす

山代は生家の納屋の二階で寝ていた。かたわらには母が守り続けてくれた、吉宗の遺骨の白木の箱があった。父もすでに亡くなっていた。山代は広島の被爆を伝え聞き、そして敗戦の日を迎えた。実感は希薄だった。「万歳」と叫んだ弟の宜策の口を、母があわてて押さえた。

やがて元気を取り戻した山代は、母と共に二反の田畑を耕した。二反の田畑があればなんとか食べるだけのものは作れる。家の周りで鶏を飼い、椎茸の栽培をし、縄をなえばわずかでも現金収入になる。

共有林の下草刈りは村人の自由で、山代も朝早く起きて山へ出かけた。しかし、いつも先にきている人がいた。山代も負けじと草を刈った。けれども鍛えていない体の悲しさ、すぐに手首が腫れた。するとと隣にいたおばさんが、こう教えてくれた。

「それは小腕をたごう（ひねる）たんだろう。朝早う山へ登って東のお日様が覗《のぞ》かれた時に『朝日夫に持つ女《おなご》、小腕たごうて招かれぬ』というて、痛いほうの手でお日さんを招いてみなさい。そうしたらすぐ治る」

翌朝早く山代はこのおばさんと山に登った。そして教わったとおり朝日を招いた。すると山の下のほうからこう返してくる声がした。「東の山の雛男《ひな》～、今朝も姉さんに招かれて、来まいたどよ～」。歌好きの山田常太郎翁であった。山代は何と返してよいかわからず「まあ知らんけ～」としかいえなかった。おばさんが代わりに「昔ゃあ、なじみでも今では仇《あだ》よ～」と返してくれた。湧き出るように即興詩を交わしあう人たちを前に、山代は「自分の言葉の貧しさ」に驚いてしまった。

常太郎翁は文字は読めなかった。だが草を刈る時などよく透る声で歌い、ひょいと生まれる即興詩は人びとを和ませていた。山代の家にも来て、牛を追って田を鋤《す》き、麦植えも手伝ってくれた。そんな仕事の憩いのひとときに、地元に伝わる民話を面白おかしく話してくれた。こうして常太郎翁は、山代を民話の道へと導いてくれた師となった。

山代には獄中で出会った女囚たちの人生を、どうしても書き残しておきたいとの想いがずっとあった。また農村の女性は集会ではほとんど発言しない。だが、常太郎翁との出会いは、農村の沈黙の底に潜む表現の萌芽《ほうが》を、山代に気づかせてくれた。

山代はこの農村に根をおろして、生産と生活の場から言葉を紡いでいこうと決めた。そして、古い障子紙をとじて仕事の合い間をぬって書き綴ったのが、デビュー作となった『蕗のとう』だ。一九四九年（昭和二四年）、単行本として出版された。山代は囚われの女たちがなぜ、囚われねばならなかったのか、また彼女たちがいかに人間としての優しさを抱き続けていたのかを書いた。山代は寄り添うように、また歌うように書き上げた。

のちに山代は、「無力な農婦の立場」に立って、「文字を持たぬ詩人の言葉」に学び、「現代の民話」としてこの作品を書いたと述べている。民話の中にこそ、労働から生まれた豊かな想像力をみたのだ。

## 『荷車の歌』

広島の被爆者との交流は後に述べるが、一九五四年（昭和二九年）第五福竜丸事件が起こった。アメリカがビキニ環礁でおこなった水爆実験により、第五福竜丸が被曝し、無線長だった久保山愛吉が亡くなった事件だ。全国から原水爆禁止の声が湧き上がり、県下では「原水爆禁止百万人署名活動」がはじまった。山代はただちに、農山村地帯での署名集めをおこなった。この農村行脚《あんぎゃ》の中で、山代は一人の女性と出会う。

それは広島と島根の県境の布野村《ふのそん》（現三次市）での婦人会の場であった。集会は日野イシの家でおこなわれた。イシは明治、大正、昭和と、男と同じように三百キロの重さの炭俵を積んで荷車を引いてきた。布野村から二五キロ先の三次の問屋街までを往復した。朝は夜の明けないうちに出発し、三次に着くのは昼頃であった。坂道の多い街道を往復すると、帰り着くのは夜の九時をまわっていた。荷車を引いて三〇年、難しい姑を見送り、苦労をして子どもを育てた。

集会で山代の話が終わると、イシは硬い空気の中で立ち上がった。「婦人会を本音の言える集まりにするためなら、わしも役に立ちたい」。そして今まで誰にも話したことのない、夫が連れ込んだ老女と同居した屈辱の生活を語った。山代は七〇歳を超えた女性が自分の話を受け止めてくれたことに感激した。イシは「原水禁百万人署名」の用紙に一番に自分の名前を書き、近所を歩いて署名集めをしてくれた。

山代はそれから何度もイシの家を訪ねた。また山代は、聞き取ったイシの話を誰だかわからないようにして、あちこちの集会で話した。するとみんな、自分のことのように聞き入った。そして自分の人生を語り始めた。そこにはたくさんのイシがいた。山代は平和署名を集めながら、この語り部の旅を続けた。

山代はかねてより、党の上から下りてくる活動に疑問を抱いていた。農民とともに歩むてだてを、この語り部の旅にみつけた。また山代は尾道市立図書館長で、戦後の広島の文化活動を指導していた中井正一《まさかず》（美学者、社会運動家）からこう助言されていた。「民話を伝える人びとの言葉の底から、自由への精神を引き出していくのだ」――山代はこの中井の考えを受け継ぎ、実践していったといえる。

山代はついに、日野イシの人生を『荷車の歌』として書き始めた。それは農家の嫁の悲惨な苦労話ではなかった。厳しい生活の中から、イシが人権意識に目ざめ、自分の痛みをとおして他人をわかろうとする優しさを描くものであった。

山代が『荷車の歌』を執筆したのは、あの三次刑務所の看守重森クラの家の土蔵であった。

## 映画化されて

『荷車の歌』は、一九五六年（昭和三一年）、単行本として出版された。まもなく、誕生して間もない農協婦人部のあちこちから、映画化を望む声が上がった。やがて全国農村婦人部三二〇万人の一〇円カンパによって自主制作映画として完成した。監督は社会派の山本薩夫、俳優は三國連太郎、望月優子、左幸子らであった。広島県下一七ヶ所をはじめ全国津々浦々で上映された。映画ではタイトルの後に、次のようなメッセージが流された。

この映画は三二〇万人農村婦人の手でできあがりました
人間が人間として認めあう
このたいせつな喜びを
みんなのものにしたい！
この喜びが

多くの女の心に生きつがれ
多くの若い人たちが
母をうけつぐとき
明日を今日のくりかえしでなく
新しい出発としてほしい

一九五八年（昭和三三年）、日本文化人会議は『荷車の歌』に平和文化賞を贈った。受賞式で中野重治はこう語った。

普通なら埋もれてしまうほかなかった女の一生が作品化されたのは、『この人ならばあらいざらい語っても、迷惑になるおそれのあるようなことは胸一つに収めておいてくれるに違いない』という信頼ができていたからだ。文学の形以前のところにすでにそういう女たちの友として山代巴がいた。

ベストセラー作家となった山代であったが、中央に出るのではなく、やはり中国山地の農村にとどまる道を選んだ。それは「一人が百の作品を書くよりも、百人が一つの作品を書く」という願いからであった。それは保守的な農民をも仲間にし、味方にしていこうとする固い決意の表れでもあった。

## 被爆に向き合って

話は敗戦の年に戻る。一九四五年（昭和二〇年）の八月六日である。山代は現府中市内の自宅の納屋の二階で寝ていた。北隣の家の三男は、国鉄広島駅の改札に勤労動員されていた。その三男が顔に大火傷を負って帰ってきて大騒ぎになった。また隣村の医者へ行ったら、待合室がいっぱいだった話も聞こえてきた。「今までにない新型爆弾じゃった」という声を寝ながら聞いていた。

そんな一一月、山代に連合国軍総司令部広島支所から突然の出頭命令が来た。駅前は焼け野原でリュックを背負った人や、やせ細った浮浪者風の人、孤児とおぼしき子どもらが焚き火を囲んでいた。そこで初めて、原爆の言葉を絶する惨状を聞くことができた。

ＧＨＱに出向くと、まず山代が治安維持法違犯幇助で拘束されていた事実を確認された。そして「原爆の跡を見てどう思うか」と聞かれた。山代は焚き火のまわりで聞いた話を思いだし「とても悲惨です」と答えた。すると将校は「そういうことを言うのは、進駐軍の政策の妨げになる。今後いっさい言わないように。もし口にしたら沖縄送りにする」と威圧した。沖縄送りとは、米軍が沖縄基地を造るための強制労働であった。

山代はその日から、手紙のすべてが開封され、GHQの検閲済みの判を押されたものを受け取ることとなった。その生活は一九五二年（昭和二七年）、講和条約が成立するまで続いたのだった。

翌一九四六年（昭和二一年）、山代のもとへ広島青年文化連盟の若者が訪ねてきた。講演会の依頼だった。山代は沖縄送りの話をした。若者はこういった。

「GHQを刺激するような話はしてもらわなくていい。プレスコードで言論統制されていても、体験したことを書き残すことはできます。ぜひ、励ましの言葉をいただきたい」

この時、山代ははじめて詩人峠三吉と顔を合わせた。華奢《きやしや》な体に黒いマントを羽織った青白い顔の青年だった。山代は三四歳、峠は二九歳だった。

峠は爆心地より三キロの広島市翠町《みどりまち》で被爆。敗戦後は広島青年文化連盟委員長に就任していた。一九四九年には共産党に入党することになる。

ここで山代と共産党との関係をまとめておきたい。戦後すぐに山代は、共産党の再建準備に参加した。だが党からは「軽率な行動で吉宗を含め貴重な同志を敵に渡した」と批判され、中央での入党は認められなかった。山代は深く傷ついた。

山代は地方で出直す決心で、三原の地で共産党広島県委員会を立ち上げ、ここで入党した。だが山代と党との関係は『荷車の歌』以降、ずっとギクシャクしていく。中央から衆議院選への出馬を要請されるが、山代は何度も固辞していく。中央の男性中心の官僚主義的な考え方には、どうしてもなじめなかった。山代は常に、下からの実践を重視していった。やがて二〇年後、山代は党そのものに、見切りをつけていくことになる。

山代は党の中央から離れ、地域で地道な活動を続けていた。神石《じんせき》郡の呉峠《くれがたお》の小学校に出かけた時のことである。そこで山代は、甲奴《こうぬ》、神石の両郡には甲神《こうじん》部隊と呼ばれる被爆の大集団があることを知った。甲奴郡上下《じょうげ》町（現府中市上下町）に設置された特設警備隊のことである。一九四五年八月二日に召集を受けて、神石、甲奴両郡の青年三〇〇人が、広島の警備にあたるため広島に向かった。そして六日の朝、被爆したのだ。

動ける者はその日の夕刻、顔の判別もつかない姿で上下町に帰ってきた。だが一九四六年までに彼ら甲神部隊の九割までが亡くなっていた。山代は古里に近いところからこのような大部隊が召集され犠牲になったことを知って、衝撃を受けた。そしてこの事実を書きの残さねばならないと痛感した。

山代は改めて世直しの捨て石になる覚悟を決めた。広島の被爆の実態調査に本腰を入れることにしたのだ。被爆者の聞き取りを始めるにあたって、山代は干物や昆布などを仕入れた。また備後絣《びんごがすり》の端切れも買い集めた。それらを背負って、物売りの格好で戦災小屋を訪ねたのだ。そのうち被爆者の重い口が少しずつ開くようになった。それらの話を聞きながら「これはなんとしても被爆者自身が体験や思いを綴り、それを手記として本にし、それをもとに被爆者の会を結成する必要がある」と、強く思いはじめた。

峠は一九五一年「にんげんをかえせ」で始まる『原爆詩集』を自費出版していた。そして被爆者棄民の現状を告発し、その体験を全国へそして世界へと広めようとしていた。また、病弱な体をおして新日本文学会広島支部の支部長をつとめていた。峠たちも、被爆者の組織を作り、手記を出そうとしていた。だが峠は病勢が悪化し、誰かの支援が必要だった。一九五二年（昭和二七年）山代は峠からの要請を受けた。山代は家庭を持たない身軽さから、広島市に出向くことになった。そして山代も広島支部の一員となった。広島支部ではまず、小中学生を中心にした詩集『原子雲の下より』を編集、出版した。そして八月には念願の「原爆被害者」の会が結成された。

その翌年、一九五三年（昭和二八年）三月、峠は亡くなった。今後の社会活動に耐えうる健康な体にするため、肺葉切除手術を受けたのだが、その術中に息をひきとったのだ。「手術は山代がそそのかした」などと、批判された。その批判の中で、山代は被爆者の手記をまとめあげた。これが『原爆に生きて』である。亡くなる直前の峠の日記にはこうあった。「午後山代さんが来てくれ、しばらく話す。いつものざっくばらんな調子の中に、友情がにじみ出て感じられる」

山代や峠とともに活動した人物に、青年川手健《たけし》がいる。川手は八月六日、学徒動員で市内に入り、従兄を捜し歩いて二次被爆した。その後、峠と出会うことで、大学生の身で被爆者の救援の活動に参加した。川手は「半年の足跡」という文章の中でこう書いている。「考えてみれば原爆が広島に投下されたのはすでに七年半も前のことである。その間に被害者の組織ができなかったというのは一つの不思議に違いない」。そして被害者の組織化がおくれた責任の一端は、原爆を平和の立場から取りあげようとした人びとの側にもあると指摘したのだ。「彼らはその運動を当の原爆被害者の中から引き出そうとはしなかった」と。

川手は組織もなく、発言の場さえなかった被爆者の一人ひとりを訪ねていった。彼らはまだ立ち上がれずにいた。そして彼らのところにある要求や訴えを辛抱強く聞いていった。そして被爆者のナマの声をじかに聞き、口述筆記していった。そして被爆者自らが手記にしていけるよう手助けをしていった。

だが一九六〇年（昭和三五年）、安保反対闘争が高まる中で、川手は東京で自殺した。旅館の部屋で、睡眠薬をコップの底でつぶして飲み下し、冷たくなっているところを発見された。二九歳だった。原水禁運動や被爆者運動が盛んになり組織化されるにつれて、名士や特定の集団が組織の活動を牛耳るようになった。それまで被爆者の声なき声に耳を傾け、そのさまざまな訴えを汲み上げて一つの組織を作ってきた、川手のような無名の若者は排除されていったのだ。「川手君が自殺したとき、私は死にはしなかったが、この転機は死に値したと思う」と山代は振り返っている。

## 『この世界の片隅で』

川手の死後、広島や東京で彼の精神を受け継ごうとする人びとが集まり「広島研究の会」を作った。そして「原爆被害者の吹きだまり」といわれる復興から取り残されたスラムや被差別部落のある地域に住み込んだ。原爆投下地近くの相生通りに文沢《ふみざわ》隆一、福島町には多地《おおち》映一、山代が住み込んだ。そして被爆者の戦後二〇年の体験を聞き取っていった。

『この世界の片隅で』には、文沢隆一の「相生通り」、多地映一の「福島町」、杉原芳夫の「病理学者の怒り」、山口勇子の「あすにむかって」、小久保均の「原爆の子から二十年」、大牟田稔の「沖縄の被爆者たち」、そして山代の「ひとつの母子像」、秋信《あきのぶ》利彦が風早晃治というペンネームで書いた「IN UTERO」の八編が収録されている。

文沢は相生通りの河岸に建った部屋を借りて住んだ。家の裏は豚小屋で隣は長屋の共同炊事場になっていた。炊事場の中央には手押しポンプがあり、文沢は朝の洗顔にそのポンプを使わせてもらった。だが水を一口含むと思わず吐き気をもよおした。生温かい塩水が口の中にぬめりつき、かすかな臭いさえのこった。土手から下の、河岸地帯に住む人たちみんなが、この塩水で暮らしているのだ。水道は土手を越えた市営住宅までしかきてない。土手の上のポンプはそれほど塩からくはない。だがそこには、「組以外の人の使用はお断り」と書いた板切れがぶらさがっていた。

四一歳の石原節子は、土手をすべりおりたところの、三畳の間に住んでいた。

「三年ほど歩けんかったんよ。背中から太股のほうまで、ガラスが突き立ってねえ。近頃は胃が悪うてねえ。市民病院で痛み止めの注射を打って貰っとったん。そしたら検査をするいうてじゃったから病院を変えたん。もしゲンバクなら入院して一生出られんようになるもんね。それでのうてもうちゃ血が少ないのに、血を取ったり検査されたりすりゃ、うちゃ風船玉のようにしぼんでしまうから」

だが女性は「うちのようなもんでも、ここじゃ恥ずかしいと思わんもん」といった。

相生通りでは被爆者であるということが、なんら特殊なことではなかった。ここに住む人たちはすべてが、ここに追いこまれざるをえなかったのだ。

福島町は広島市の西部にある。太田川放水路の東に細長く南北によこたわり、被差別部落の人たちが肩を寄せあっていた。一九五五年（昭和三〇年）に福島病院の母体ができるまでは、町内に本物の医者は一人もいなかった。一九六四年（昭和三九年）六月の雨で、広島全市のうちこの町だけが床上浸水した。調べてみると、排水工事に歴然たる不備が発見された。「良いことは一番あと、悪いことは一番先、というのがぼくらの置かれている立場です」と解放同盟の菊島章吾はいった。福島病院の建設も、公営アパートへの無条件入居の権利も長い組織的闘争のあげく獲得されたものだという。

この福島町の章を書いた多地はこう語っている。

「私の福島町での驚きは、部落差別が現在もなお生きているということでした。しかしその底から、『人間を差別する者』に対する、じつに的確で手きびしい批判精神が育ってきているということは、差別が生きているということよりもなお驚きでした。そして、部落差別をなくそうという闘いが、そっくり被爆者の平和運動に直結していることは、原爆禁止を闘う上の、大きな示唆となるように思えました」

また、IN UTERO とは胎内被曝児という意味だ。胎内被曝による小頭症の存在を知った秋信は、足を棒のようにして九名をやっと探しだした。アメリカが作ったABCC（原爆障害調査委員会）の資料の中の「野○真○子」といった、まるでパズルのような形で発表された記録を手がかりに、一人ずつ探偵のようにして追求していったのだ。

「原爆小頭症」の子どもたちは被曝時に三ヶ月未満の胎児であったが、強い放射能を浴びて頭囲が小さく、知的、身体的障害の特徴を持って生まれていた。九名の小頭児の家庭はおおむね貧しく、親たちが希望しているにもかかわらず、身体発達の遅れで施設に入ることができずにいた。彼らもまた、戦後二〇年間、誰からも顧みられず放置されていたのだ。秋信らは、小頭症の子と親の組織「きのこ会」を作っていった。

そして山代たちは、被爆者の家を一軒一軒訪問して、彼らのところにある要求や訴えを聞いていった。そして一人ひとりのまだ立ち上がれない苦しみを聞き、要求や訴えを手記にする手伝いをはじめた。ものを書いたことのない被爆者たちも、自分の思いを確かめることができるようになってきた。そしてその言葉が活字になって出ると、未知の人に理解される喜びがともない、次第に自分の訴えに自信を持つようになってきたのだ。

山代はこのルポルタージュ集を『この世界の片隅で』と名付けた。それは相生通りや福島町の人びとの、長年にわたる『世界の片隅』での闘いの積み重ねに心をうたれたからだ。

山代はあくまでも現地に密着して〈この世界の片隅で〉懸命に生きようとしている人びとを、描き出していこうとしたのだ。

## 「ひとつの母子像」

山代は『この世界の片隅で』の中で、「ひとつの母子像」を書いている。その中から少し引用してみる。

一九五二年の夏から秋へ、私と当時広島大学の学生だった川手健とは毎日のように小屋住まいの被爆者の家を訪ねて、出来たばかりの「被害者の会」へ入ることをすすめたり、体験を手記にする手伝いなどをしていた。(中略)

窓のない狭い小屋の中は押入もなく、破れたフトンが敷かれたままで、その上によごれた衣類が散らかり、人間の住まいとは思えない有様だった。夕日がだんだん落ちて来ると荷車の上の子は「お母ちゃんよー、お母ちゃんよー」と泣き声をあげる。(中略)そんな話をしていると急に小さい子が立ち上がり、ひよこがはばたくように荷車を飛びおりて道の方へ走って出た。見るとたそがれの小道を這うようにこの家に近づいて来る人がいて、小さい子は「乳《ちっち》!」とその人に飛びつき、くろずんだ人影はかがんだまま胸を開いた。さっきまで小さい子の守りをしていた男の子も女の子も走ってそのそばへ行き、母の肩に手を置いて、配給を取ったことなどを報告した。私の眼にはこの一瞬の母子像が焼きつくように残った。

この母子像は、幼い頃山代が登呂茂谷で目に焼きつけ、そして美術学校で描き上げようとしていた、心の原風景にも重なっていた。

母親の名前は立田松枝といった。当時は世間の目は冷たく、川手や山代が市役所や県庁へ被爆者のことで陳情に行っても相手にされず、時にはアカ（赤旗のアカ、社会・共産主義者）呼ばわりされることもあった。立田母子にとっては、さらに厳しいものであった。親子四人で川へ身を投げて、自殺しそこねたこともあったという。

山代は一二年後、再び立田を訪ねた。あれからのことを手記にしませんか、と問いかけた。立田はこういった。「しますとも。手伝って下さい。前の時は子どもが小さいから、小さい者を犠牲にしてはならん思うて、本当にいいたいことは何も書けなんだが、今度はKが暴力とおどかしで痛めつけたこともかくさず書きます」

隣に住んでいたKは、被爆の熱で瞳が溶けてよほど大きな字でないと読めなくなっている立田を騙して、実印を取り上げた。そして立田の家と土地を自分のものにしていったのだ。このような悪事を多数はたらいて、Kは料亭を経営し今では海のみえる山の手に別荘を建てて住んでいるというのだ。戦後の混乱期には、Kのように濡れ手で粟の儲けをした者が大勢いたという。

立田の子どもたちは心配した。書いて発表したら訴えられるのでは、といった。一二年前、荷車の上で泣いていた子どもは中学生になっていた。「母ちゃん、何べんも裁判所へ呼び出されたら、働きに行けなくて困るよ」

「もう心配することはいらんよ。四月が来れば姉ちゃんも月給を取るようになる。兄ちゃんと姉ちゃんが月給を取れば、母ちゃんが少々休んでも飢えはせんよ」

姉娘は心配そうに、「ほんとのことがばれると思ったらKさんは、暴力団をしかけてくるかも知れんからこわいよ」

立田はこういった。「暴力なんか恐れていたら、いつまでたっても戦争の爪は抜けん。戦争の爪はな」

そして山代に向かって力強くこういった。

「戦争の爪を抜こうと思うたら、先ずKのような悪者から退治して、市民のみんなに悪者退治の力をつけていって、大勢の力で、市も県も平和のためには、ごまかしてばかりしているることを、突いていけばいい」

こうし立田親子の体験も載せられて、『この世界の片隅で』は一九六五年（昭和四〇年）岩波新書として出版された。

哲学者の久野収《くのおさむ》は、「二〇年後の戦争記念におくられるもっとも大きな記念碑である。戦後のゆがみの大きさを事実によってこれほど深く指摘した記録は、絶無だといってよい」と評した。

## そして、その後

『この世界の片隅で』を出版した翌年、山代は母の看病をするため、広島市の弟、徳毛宜策の家に移った。だが山代のもとには毎日のように電話がかかり、訪問客も絶えなかった。「巴、最後じゃけえ、そばで看《み》ておくれ」と母は頼んだ。しかし山代は外から呼び出しの電話がかかるとじっとしておれず、「今日は大丈夫そうだから、ちょっと行ってくる」といって、出かけた。そしてとうとう、山代が出かけている間に母は亡くなってしまった。

一九六七年（昭和四二年）四月、八五歳の旅立ちであった。葬儀のとき、親戚に「何のためについていたの。巴姉さんは本当にしようがないねえ」といわれて、山代は返す言葉もなかった。

母が七八歳の頃のことであった。その当時、山代は「たんぽぽ」という生活記録の勉強会をしていた。母が突然「仲間に入れてくれ」といい出した。山代はあきれ顔で「まあ」といった。「お前のように好きなことのためにしか動かなかった者には、わしらのように家の務めか、妻の務めか、母の務めで過ぎてきた者の心の動きはわかりはしない。わしらが勉強せなんだら、平等の世の中など来るものか」と母はいったのだった。

そして山代は母の死後、共産党離党を経て、積年の課題に真っ向から取り組んでいく。五〇〇〇枚もの大作『囚われの女たち』全一〇巻の執筆である。この執筆は一九七五年（昭和五〇年）から一九八六年（昭和六一年）まで、一一年もの歳月をかけて成し遂げられた。

山代巴の人生の総決算であった。

## 女たちの輪の中で

山代の人生を振り返ってみると、彼女は生涯自分の家を持たなかった。

先に述べたように『荷車の歌』を書いたのは、三次刑務所の看守だった重森クラの家の土蔵であった。看守と囚人という立場ではあったが、しだいにその立場を越えた友情がめばえていったのだ。そして重森は、山代が書いた獄中手記をひそかに書き写して持ち出し、大切に保管してくれていた。この重森の友情によって、戦後山代は後年の大作『囚われの女たち』を書き上げることができたのだ。重森は山代のことを、気のおけない妹か姪《めい》が一緒にいるようだった、といっている。また「下宿代もきちんと払い、こちらが助けてもらったくらいだった」とも語った。

これに先立つ一九五九年（昭和三四年）からは、福塩線沿いの分水嶺の町、上下町（現府中市）の大成権《たいじょうごん》薬局の離れに間借りをした。ここを「勉強室」にして、女たちが本音で語りあい、学びあい、自己変革をめざす「たんぽぽ」などのグループと「女のスペース」を作っていったのだ。

「友達と連れ立って大成権に通ったものです。山代さんは会話の達人で、垣根のない夢のある人です。一緒にご飯を作って食べたり、泊まり込んだり、学生時代に戻ったようで楽しかった」と、同町に住む小林みさをさんは語った。

一九八〇年代は、吉舎《さき》町（現三次市）の佐々木文陽堂に寄留することになる。吉舎町は馬洗《ばせん》川が流れる、銀山街道にある風情ある町だ。今も酒屋、米屋、本屋など藍色の暖簾をかけた店がならんでいる。長らくこの地で文房具を扱ってきた「佐々木文陽堂」の由緒ある看板が、今も残っている。三歳年下の佐々木キクと山代はここで共同で暮らした。

「寝られないとき、わたしは夜半に台所へ降りて冷蔵庫を勝手にあけて酒のさかなを探すが、台所の横の部屋で寝ているキクさんは知らん顔。……夜半に飲む寝酒と同じように、何事にも干渉されずに暮らせるのが、この共同生活的下宿暮らしの一番いいところだと思う」と山代は書いている。

現在店を任されているのは、佐藤さんご夫妻だ。キクさんも山代も、共に左ききであったという。そしてベレー帽をかぶって町を歩く、山代の背中は少し曲がっていた、と懐かしそうにいう。

「東京から、羽仁もと子も来ましたよ。キクさんと山代さんは、二人とも話のレベルがあったんでしょう。べたべたはしない関係でしたよ」と語る。二階の部屋を増築する時は、山代が費用を出して、大工も自分で呼んできたという。その二階の部屋からは、深い緑の庭がみえた。自由人の山代は、夏は涼しい吉舎のこの部屋で暮らし、冬は東京日野市の団地で暮らした。リューマチの持病もあった山代には、冬場の寒さは堪えたのだろう。

## 晩年

一九九六年（平成八年）、山代は自らが選んだ東京の老人ホーム松風園に入居した。そしてあたたかなスタッフに支えられて快適な生活を送った。

二〇〇二年（平成一四年）、広島のタウン紙の記者である小坂裕子は山代を訪ねている。杉並区の閑静な住宅街に、穏やかな佇まいをみせて建っているホームであった。「家事、雑事に煩わされずに気楽に暮らせるし、プライバシーもある」と山代は気にいっていた。

喫茶室で話していたのだが、ボーイフレンドの牧原憲夫（『山代巴獄中手記書簡集』編者、大学教員）も合流すると、自室に誘った。ミニキッチン付のワンルーム10畳には、原稿が無造作に置かれていた。「牧原君、お茶入れようや。羊羹食べよう」と山代は陽気にいった。日本近現代史研究家の牧原とは、東京日野市の団地で一時暮らしていたときに、知りあっていた。

こうして、訪問者たちとの会話を楽しみ山代は晩年を暮らしていた。夜になれば、山代吉宗や峠三吉、川手健のことを思い出していたのやもしれない。また工場で、獄中で、中国山地の山あいで、そして福島町で出会った女たちとの会話を噛み締めていたのかもしれない。

二〇〇四年（平成一六年）一一月、山代は亡くなった。

「ひとつの母子像」が、山代の生涯を貫く原点であった。そしてこれを原点として、あくまでも〈この世界の片隅〉で、懸命に生きようとする人びとにより添い続けた、九二歳の波乱に満ちた生涯であった。

第二章

# 大田洋子

――『夕凪の街』『桜の国』で

## 広島で生まれて

広島市の北、山県《やまがた》郡原村（現北広島町）の中原は雪の深いところだ。ここで一九〇三年（明治三六年）一一月二〇日※註、大田洋子は生まれた。本名は初子である。山代巴の九歳、年長となる。

家は地主であった。山の急坂にトロッコが走り、少年や少女が土運びをしていた。だが大田の家はそういうことはしなくていい家であった。大根一つ作らずに暮らしていけた。大田は土蔵の二階で本を読み、ときどき眼を上げて小さな窓から中国山地の山並みを眺めた。山並みの向こうはどうなっており、なにがあるのかと沁み入るほどに、大田はあこがれた。

ハイネ、ホイットマン、田村俊子、石川啄木などを愛読。宝塚の女優か作家になりたい、と願う才気煥発な少女であった。やがて広島市内にある進徳実科高等女学校を出たあと、江田島の小学校の裁縫教師となった。昼は学校で教え、夜は文章を書いていた。大田の詩や短歌は『中国新聞』にも、ときおり載ることがあった。

小学校には半年いたが、その後退職。広島市に出て、タイプライターの技術を習得して、県庁に勤めた。一九二五年（大正一四年）二二歳の時に、新聞記者の藤田一士と知り合い、結婚をした。だが、大田は文学への志を捨てきれず、この結婚はうまくいかなかった。

大田は尾道、大阪などで、女給をしながらひたすら書き続け、中央の雑誌に投稿する生活をおくっていた。この頃、お互い知るよしもなかったが、林芙美子もまた女給生活を送っていた。

## 東京に出て

一九二九年（昭和四年）、大田の書いた「聖母のゐる黄昏」が、『女人芸術』の創作欄のトップを飾った。大田が教師をしていた江田島に材料をとったと思われる二五枚の作品だった。牧歌的な島の風景が、色彩感覚豊かに描写される。その風景を背後に、足の不自由な娘が、金持ちの青年に犯されひっそりと一人で子を産むという悲話であった。

『女人芸術』の主催者、長谷川時雨《しぐれ》から長い手紙が届き、次の原稿依頼も記してあった。

大田の心は、感激に燃えた。

「現在は、心にもなき放浪の生活を続けております。しかし、どんな生活をしている時でも、私には此の生活が目的ではなく、たえず、心に燃えて動かないものは、芸術に対する夢と憧憬だけでございます」と大田は、長谷川に返事を送った。そして大田は上京した。「真新しい土地へ！　新しく自己を塗り替えるために東京へ」――これは、文学の道で生きようとした大田の決意の言葉だった。

『女人芸術』は、女性の社会進出を謳った女性だけの文芸総合誌だった。意識的な女性の集まりである『女人芸術』は、新しい作家を育てることを大きな目的にしていた。無名だった林芙美子も、この雑誌に『放浪記』を一九二八年（昭和三年）から、連載したのがデビューのきっかけとなった。

大田もこの雑誌に書き続けた。だが、ときおり新聞や雑誌の批評欄に取り上げられても、はかばかしい評価は得られなかった。そして一九三二年（昭和七年）に、経済的な理由から『女人芸術』が廃刊されてしまうのだ。大田はその拠り所を失ってしまった。また改造社記者であった黒瀬忠夫と再婚するが、一年後やはり別れている。大田にとって、不遇の数年が過ぎていった。

原稿の注文はほとんどなくなり、時々新聞や雑誌から雑文の注文がくる程度だった。送った原稿は、四、五日するとたいてい送り返されてきた。原稿の包みがポストに「ポトリ」と落ちる音が嫌であったという。

## 懸賞小説に応募

一九三九年（昭和一四年）、『中央公論』の懸賞小説に「海女」が一等当選となった。千葉で静養した時に見聞きした、海女の生活を題材にしたものであった。賞金は一万円という大金であった。すでに新人ではない大田が、応募するのは恥ずかしいことだった。だが、どこの雑誌からも原稿の依頼が来ない大田にとって、懸賞小説への応募は背水の陣の方法であった。

また大田は前年の一九三八年（昭和一三年）、母に援助してもらって小説の材料を求めて、天津、北京を旅行していた。そしてその中国を舞台にした長編恋愛小説「桜の国」を書き上げて、『朝日新聞』の懸賞小説に応募していた。これも一等当選となり、一万円の賞金を獲得した。「桜の国」には、通訳として従軍しそこに生きがいを見出す男性と、天津の英租界を今に日本のものにしてみせるといきまく新聞記者が登場する。それにこの二人の生き方を肯定する女性たちが絡んでくる長編の物語だ。

受賞した二作とも、大田洋子ではなく変名を使っていた。「今さらのように名を伏せて、懸賞小説を書かなければならぬ身の上を、魂のふるえる思いで哀しみもした」と大田は記している。大田はこの年、三六歳になっていた。

「桜の国」入選の後、大田は求められて手記を書いている。その中から、大田の心のありようが伺える部分をみてみる。

四方が山で、その底の村だった。山裾を一筋の川が流れていた。山も川も空もつねに透徹の美しさを持っていた。（中略）
私は自分の中に避けがたい特殊性を発見したのだった。家の中や土蔵にある文学書を休暇の度に読み耽った結果と、静寂な環境と、夢多き性格とが執拗に結びついて、私はついに芸術への夢を至上のものとして心に抱いていることに気づいた。
暗くはあっても清潔な部屋の中で、ただひとり、他のものと綜合されぬ自分の才能に殉じたかった。

受賞の後、大田には原稿依頼が急激に増えた。流行作家の一員となったのだ。大田は精力的に書き、次々と著作集を出していった。だが戦時色が強くなっていき、作家が作品を書く肝心の雑誌も一九四三年（昭和一八年）にはほとんど姿を消していった。

## 昭和二〇年八月六日

一九四五年（昭和二〇年）、大田は空襲の激しくなった東京から、郷里の広島に疎開した。母も身を寄せていた、広島市白島九軒町《はくしまくけんちょう》の妹の家に落ち着いたのだ。大田は東京からからだ一つで帰ってきていて、本当はもっと田舎に入るつもりであった。それが内蔵の不調による入院などで遅れていた。八月五日は、山口県の宇部が一晩中空襲された。広島にも空襲警報がでていたし、五日の夜はまるで眠ることができなかった。夜明けに空襲警報が解け、寝床にもぐりこんだ大田は、そこで運命の日、八月六日を迎える。

午前〇時、マリアナ諸島のテニアン島で、アメリカ軍の隊長は飛行士にこう訓示していた。「いま我々が落とそうとしている爆弾は、これまでの爆弾とは違うものだということを、よく覚えておいてほしい」

午前二時四五分、重さ五tのウラン爆弾を積んだエノラ・ゲイは、テニアン島を離陸した。そして午前六時四〇分、日本に接近した。

広島上空は、雲一つない青空だった。八時一五分、エノラ・ゲイは、広島中心部の相生橋にさしかかった。機体の爆弾倉の扉が開いた。世界最初の原子爆弾が、上空六〇〇mで炸裂し、中心温度一〇〇万度の火の玉を作った。爆心地周辺の地表の温度は、三〇〇〇度から四〇〇〇度に達した。その直後、広島市内では十数万の人が、一度に命を奪われ、重症を負った。

大田はその瞬間を、八月三〇日の『朝日新聞』にこう書いている。

疲れ切っていて、とてもよく眠ったようだった。見馴れない珍しくふしぎな夢を見たと思った刹那《せつな》、緑青色の海の底みたいな光線が瞼の上を夢ともうつつともなく流れた。へんな夢を見るのねと思った瞬間、名状し難い強烈な音が起こって、私はからだが粉々に砕け飛び散ったような衝撃を受けた。爆弾の地に落ちこむダダンという音でもなく、ザザッと雨のようだという焼夷弾の音ともちがい、カチインという金属的な、抵抗しがたい音響だった。一瞬という言葉がこの朝ほど身をもって適切に感じられたことはかつてない。それでも私は二十個も三十個もの焼夷弾が寝床の上に降りかかったのだと思い、きょろきょろとそれを探した。

それにしても火が見えない。私は木の葉のように吹きとばされたようだったけれど、前夜から寝ていた十畳の座敷に、絣《かすり》の着物を着て立っていた。つむぎの絣のえんじの色がはっきり見えたが、その他の一切のもの、寝床も蚊帳も、枕元にあった防空服も頭巾《ずきん》も、帯も手拭《ぬぐ》いも何も見えない。

大田は微塵に砕けた壁土の煙の中にぼんやり佇んでいた。家の中には何もみえはしなかったが、外には見渡す限り壊れ砕けた家々がみえた。それは遠くの町々まで同じであった。八丁堀の中国新聞社や、流川町の放送局などが、がらんとした空しい様子で影絵のように、大田の目にうつった。

耳と背中に傷を負った大田は、傷を負った母、妹、妹の赤ん坊と共に近くの京橋川の河原へ逃れた。河原には皮膚が灼けただれたれた避難者がどんどん集まってくる。今逃げてきた白島のあたりは、もう一面火災になって燃えさかっている。大田たちは河原で三日間野宿したが、河原では次々と人が死んでいった。

後に大田は『屍の街』を書く。その中で大田はこう記している。

せんべいを焼く職人が、あの鉄の蒸焼器《てんぴ》で一様にせんべいを焼いたように、どの人もまったく同じな焼け方だった。普通の火傷のように赤味がかったところや白いところがあるのでなくて、灰色だった。焼いたというより焙《あぶ》ったようで、焙った馬鈴薯の皮をくるりとむいたように、その灰色の皮膚は、肉からぶら下がっているのだ。(中略)

人々は水死人のようにふくれていた。顔はぼってりと重々しくふくれ、眼は腫れつぶれて、眼のふちは淡紅色にはぜていた。どの人もみな、蟹がハサミのついた両手を前に曲げているあの形に、ぶくぶくにふくれた両手を前に曲げ空に浮かせている。そしてその両腕から襤褸《ぼろ》切れのように灰色の皮膚が垂れさがっているのだ。

大田たちの住んでいたところは、爆心地から一・五キロの地点であった。

## 人間の眼と作家の眼と

逓信《ていしん》病院は大田たちがいた河原から歩いて一〇分ほどだった。大田は妹と病院を目指した。道はまだところどころ火焔を吹いていた。途中の電車道では、レールはくねり曲がって横へはみ出ていた。一台の電車が茶褐色の亡骸となって、流れだしたレールの上にとりのこされていた。二人は電車の通りから右へ曲がった。

するとそこには右にも左にも、道のまん中にも死体がころがっていた。死体はみんな病院の方へ頭を向け、仰向いたりうつ伏せたりしていた。眼も口も腫れつぶれ、四肢もむくむだけむくんで、醜い大きなゴム人形のようであった。

四二歳の大田の作家としての眼は、しっかりと開かれていた。そして涙をふり落としながら、その人々の形を心に書きとめようとした。妹と大田はこう会話をしている。

「お姉さんはよくごらんになれるわね。私は立ち止まって死骸を見たりはできませんわ」

「人間の眼と作家の眼とふたつの眼で見ているの」

「書けますか、こんなこと」

「いつかは書かなくてはならないね。これを見た作家の責任だもの」

大田たちは次第に死臭の満ちてくる河原をあとにして、壊滅状態の広島市街を西に辿った。そして二〇キロ離れた郊外の廿日市《はつかいち》まで逃れついた。玖島《くしま》の知人の家の二階を借りることができ、ようやく落ち着き、八月一五日の敗戦を迎える。

## 『屍の街』

玖島に一ヶ月滞在した後、大田たちはより山間の河津原に移った。八月二〇日をすぎた頃から、周囲の人に奇妙な現象が起こり始める。

『屍の街』の最初にはこう書かれている。


西の家でも東の家でも、葬式の準備をしている。きのうは、三、四日まえ医者の家で見かけた人が、黒々とした血を吐きはじめたとき、今日は二、三日まえ道で出会ったきれいな娘が、髪もぬけ落ちてしまい、紫紺いろの斑点にまみれて、死を待っているときかされる。

「原子爆弾症」である。驚愕にみちた病的現象が現れ、人々は累々《るいるい》と死んでいった。あの日、広島にいた者はみな死ぬという噂が流れてきた。大田にもいつ、死がやって来るかもしれない。一日に幾度も髪の毛をひっぱってみ、ふいに現れる斑点に脅えて、何十度となく手足の皮膚を調べた。

〈人々のあとから私も死ななければならないとすれば、私は書くことを急がなくてはならない〉――大田はそう思った。だが持ち物の一切を広島の大火災で失った大田は、ペンや原稿用紙はおろか、一枚の紙も鉛筆も持っていなかった。山間の田舎には、それらのものを売る一軒の店もなかった。寄寓先の家や、村の知人に障子からはがした、茶色に煤けた障子紙や、ちり紙や、二、三本の鉛筆をもらった。背後に死の影を背負ったまま〈書いておくことの責任を果たしてから、死にたい〉と、大田は思った。

だが原爆投下後の死の街、広島を描くことは想像を絶する作業だった。軍人で膨れた人口三五万の軍都が一瞬に滅亡する様は、誰もみたことがなかった。何万もの人間が死に、足の踏み場もないその野ざらしの死体のなかを、踏みつけないようにして歩いたのも初めてであった。そしてその惨禍が「原子爆弾」という人類がまだ知らない、未知の謎をふくんだ物質によっておこなわれたということは、既存の理解をはるかに超えるものであった。「原子爆弾症」の凄惨さも、人間の肉体を、生きたまま壊し崩す強大で深いものとして、初めてみるものであった。

大田が向き合ったのは、従来の描写や表現が追いつかない被爆の状況であった。その驚愕や恐怖や、鬼気迫る惨状を果敢に描こうとした。大田は今まで書いてきたように、上手に「小説的構成」の下に、巧妙に書き上げることを断念した。

『屍の街』では、真夏の広島の町が一瞬の閃光で死の街となる。累々たる死の山。生きのび、河原で野宿する虚脱した人びとが描かれた。「僕、死にそうです」と言ってそのまま息絶える少年の姿。原爆投下の瞬間と、その直後の街と村の惨状が描かれた。

『屍の街』は、戦前大田が書いてきたどの作品よりも、緊張感に満ちた作品となっている。大田の眼に映った光景だけでなく、当時の新聞記事や医学者の見解なども織り込まれ、原爆とはどういうものかが重層的に理解できるようになっている。現代にも通用する新しい形のルポルタージュだ。

大田は一九四五年の一一月には『屍の街』を書き上げた。凄まじい集中力であり、強靱な精神力である。この作品は日本で初めて「原子爆弾」について書かれた作品であった。大田自身、戦前までの恋愛小説を書く作家ではなく、まったく新しい作家として「死」を前にして生まれ変わった。

## プレスコード

『屍の街』は、東京の中央公論社に送られた。だが、編集長からは「いまの状勢では出版は無理だ」と返事があった。占領軍のプレスコードにひっかかるというのだ。

プレスコードとは、連合国軍総司令部（ＧＨＱ）が九月に出した「日本に与うる新聞遵則」だ。細目にわたっていたが、その主眼は連合国占領軍に対して不利益をおよぼすような記事をのせてはならない、というものであった。敗戦までの日本政府のように、削除や伏せ字ではなく、気にいらない箇所を書き換えさせる方式だった。それゆえに、一般の読者には知られることはほとんどなかった。

あらゆる出版物は、ＣＣＤ（民間検閲支隊）の事前ないしは事後検閲を受けねばならなかった。違反したときには、沖縄に送って重労働をやらせると脅かされたのは、山代巴の章でもふれた。事実、占領軍にとって思わしくない記事を載せた記者が解雇されたり、出版社がつぶされることもあった。

一九四七年（昭和二二年）一月、山間の借家に一台のジープがやって来た。呉市にあるＧＨＱの将校が乗っていた。本が出版されていないのにどういう事情でかぎつけたのかわからなかった。そして、原稿は誰と誰が読んでいるのか、外国人の誰が読んだか、原稿に原子爆弾の秘密は書かれているか、質問が延々と続いた。

「いいえ、私は原子爆弾の秘密は知りません。私の書いたのは、広島という都会とそこにいた人間の上におこった現象だけです」と大田は答えた。すると将校はこういった。

「あなたに原子爆弾の思い出を忘れていただきたいと思います。アメリカはもう二度と再び原子爆弾を使うことはないのですから、広島の出来事は忘れていただきたいと思います」。大田は答えた。

「忘れることはできないと思います。忘れたいと思っても、忘れない気がしてます。市民としては忘れたいと思っていますが、忘れるということと、書くことは別です。遠い昔の忘れていたことも、作家は書きます。その意味ででも私は忘れることをお約束はできません」

最後に大田はこういい切った。「日本で発表できなければ、アメリカへプレゼントします」。大田の胸に、突き刺すような憤りが走ったのだ。

## ようやく出版

GHQの将校がやって来た年の五月、大田は共産党員だった寛中《といなか》静雄と結婚し、東京へ出ている。「原爆について書いているが、日の目をみるのは難しい。どうしても東京に出なければ」と、親しい友人にいっていた。そして何とかして『屍の街』を出版しようと奔走する。当時のことを寛中はこう語っている。

『屍の街』はあの人の残した大きな遺産ですよ。(中略)日本で出せないなら英訳してアメリカで出版しようという話しになったんですが、これも交渉の末だめになりました。(中略)ソビエトで出版してそれを逆輸入したらどうかということになって、私が当時共産党の政治局員をしていた伊藤律を訪ねたことがあったが、それもだめでした。

一九四八年（昭和二三年）、大田はこの原稿を再び中央公論社に持ち込む。この頃になると、ようやく検閲が少し緩やかになり、待望の『屍の街』を一一月に出版することができたのだ。だが、苦心して書き込んだ原爆の科学的な面を追求した一章が、まるまる削除されていた。「私が大切だと思う個所がかなりの枚数、自発的に削除された。影のうすい間のぬけたものとなった」と大田は記している。プレスコードをおもんばかった出版社側の自主規制であった。それでも本は評判を呼び、一万部が売れた。

その二年後の一九五〇年（昭和二五年）、大田は再び冬芽《とうが》書房から『屍の街』を出版した。中央公論版で削除されたところを復活させた完全版である。苦しみながら、原爆を書くことに向かい続けた大田は、こう序文に書いた。


このような思いに悩まされている私にとって、この度のこの書の出版は、せめてもの救いである。世紀の、否日本人の味わった最大の悲劇、原子爆弾に難を受けて斃《たお》れた人々と、生き残った傷心の広島の人々を想う、耐えがたいその想いへの救いである。

## 不屈の精神

『屍の街』出版までにいたる、大田の不屈の精神はいつ養われたのだろうか。

戦前のプロレタリア文学者や活動家に対する権力側の弾圧は凄まじかった。『女人芸術』の頃、大田もプロレタリア文学に心を惹かれながらも、「自分が牢獄にいく覚悟のないこと」を悟っていた。山代巴が三次と和歌山で五年にもわたる監獄生活に耐えていた時、大田は東京で流行作家としての生活を送っていた。

だが戦後、呉からGHQの将校がやって来た時は、大田はもう負けていなかった。プレスコードも、戦前の日本政府の弾圧ほどあからさまではなかったが、薄気味悪いものだった。大田は正面から将校と対峙し、「忘れろ」という言葉を撥《は》ねつけている。

『草饐《くさずえ》』で、大田洋子の評伝を書いた江刺昭子は、こう考察している。

「戦時中の不自由な空気の中で作家生活を送った洋子は、言いたいことを言わないでおくことの過ちを深く反省していたのであろう」

大田が『朝日新聞社』から受賞した『桜の国』は、日本と中国を舞台にした長編小説であった。さまざまな女性が登場し、また男性たちが複雑に絡み合う。そして、武昌、漢口、漢陽の陥落祝賀行事では、君が代のメロディーとともに主人公はこういう。

「行きませうよ、お姉さん、君が代だわ——」

ヒカルはさつと立ち上がった。そして情熱的な眼ざしで、じっと耳を澄ませた。

この小説の後半は、次第に戦意高揚小説となっていく。そこが受賞の理由でもあったのだろう。何よりも『朝日新聞社』そのものが、戦争支持に回っていた。

また、一九四〇年（昭和一五年）には、戦争協力の「輝ク部隊」の一員として、「中支慰問の旅」にも出かけていた。そして一ヶ月の軍施設の慰問の後、その報告を新聞、雑誌に書いていた——戦争協力である。

この戦争協力の過ちを、あの原爆の惨事を引き起こしたものとして、大田は彼女なりに苦く反省したのではないだろうか。この苦渋が、大田を強くしたのではあるまいか。こうして、『屍の街』完全版は出版された。

## 『人間襤褸《らんる》』

一九四八年（昭和二三年）一一月、中央公論社から『屍の街』が出版されると、大田の身辺はにわかに騒がしくなった。栗原貞子の『黒い卵』や原民喜《はらたみき》の『夏の花』もすでに世に出ていた。しかし中央の出版社から出たこととリアルな描写で、これまで隠し続けられてきた原爆の被害を、『屍の街』は一挙にあらわにしたのである。『屍の街』出版で、戦前から書いてきた大田は、社会派に開眼したとして注目された。翌年の一九四九年（昭和二四年）頃になると、プレスコードの規制もゆるんできた。大田のもとには原爆に関するエッセイや小説の注文が殺到した。

だが大田は、満足はしていなかった。『屍の街』は、白島九軒町から京橋川の河原、そして廿日市まで逃れていくという、大田の個人的な体験であった。彼女の筆は広島全市にまではくりひろげられてはいなかった。また大田が考える「小説的構成」がなされてはいなかった。大田は八月六日を中心にして、複数の人間の眼に映った広島の惨状を描こうとした。そしてその日をめぐって展開される「人間ドラマ」を書こうとした。それが彼女のいう「小説的構成」であった。

大田は三度目の結婚をした筧中とも、二年で別れていた。東京の西武線野方《のがた》の古いアパートを借りて、長編小説の執筆に精魂を懸けて取り組んだ。こうして書き上げられたのが『人間襤褸《らんる》』であった。

## 不安神経症

江刺昭子は大田の晩年、一年半ほど大田家に下宿をしていた。江刺が記録した大田のようすはこうだ。

洋子はいつもおかしいくらい着ぶくれていた。ウールの和服にどてらのような綿入りの羽織を重ね、首には厚い毛のショールを巻き、ときにはショールを頭からすっぽり被っていた。ストーブや炬燵をつけっぱなしの室内でこんな格好で机に向かっているのは、やはり常軌を逸してみえた。しかも、冬が過ぎて春が来て五月になっても、その格好が続いた。そして「頭が寒い」を連発した。

また神経の細かさというより、ほんの少し息を吹きかけられただけでも、はらはらとこぼれおちてしまいそうなもろさは、一緒に住んでいる者にとってはやりきれないものであったという。もともと、大田は感受性の鋭い、線の細いところがあったのだ。『人間襤褸』では、大田は広島全市にわたって、原爆の惨状を描いていこうとした。被爆した場所が違えばその命運は異なっていき、さらに避難したコースが違えば、見聞きする事実もまた異なってくる。被爆体験はより立体化され総合化されていく。

だが、五〇〇枚を超える『人間襤褸』を書き続けながら、大田の神経はボロボロになっていく。大田は書くためには思い起こさなくてはならず、それを凝視していると、気分が悪くなり、吐き気を催し、腹部がとくとくと痛くなった。

また夜は、頭の中を屍体の行列が通って一睡もできない。大田は抗ヒスタミン剤の注射を自分でするようになった。深い眠りを求めるためであった。泥酔のような深い眠りを大田は求めた。そうせずにはいられない、心理的な疲弊《ひへい》であった。

大田は「文学のおそろしさ」というエッセイでこう書いている。

「文学ははじめから最後まで、重い苦闘だと思うが、私は原爆をテーマとして作品を書き続けるため、原爆という相手との噛みあいが強烈で、疲れ果てる」

この作品には、多くの人物が登場する。そしてそれぞれが、八月六日を体験する。ある者は死に、ある者は重症をおって生きのびる。ボロのような人間になった人びとが、医師の家に寄りそって、その荒廃の中から立ち上がって生きようとする。そのそれぞれの生き方を大田独特のリアルな調子で描ききっていて、感動的な作品となっている。

『人間襤褸』を書き終わった翌年の一九五一年（昭和二六年）の暮れ、大田は東大病院の神経科に入院した。不安神経症、いわゆるノイローゼのためである。

原爆との格闘が大田の神経を苛んだ。だが大田の神経を壊していった、もっと大きな事柄が二つある。それは、朝鮮戦争と原民喜の自殺であった。

一九五〇年（昭和二五年）六月、北緯三八度線にて、北朝鮮軍の砲撃が開始された。この朝鮮戦争はしだいに第三次世界大戦への様相を呈してきた。連日、日本の基地からアメリカの爆撃機が朝鮮に向かって飛び立っていく。その爆音を聞くだけで、大田の神経は震えた。——〈また、原爆が落とされる〉

大田は「生き残りの心理」の中で、こう書いている。

朝鮮動乱が起きるまでもなく、日本が現在の政治的悪条件にまみれ、次から次に脅迫されて、地獄ゆきのトラックにのせられるであろうことは、前々からいやでも予想されていた。朝鮮動乱の前後から、見え透くようだったベールは一枚一枚はがされ、日米権力者の胸に抱く悪夢の様相はむきだしになって来た。サンフランシスコ条約、日米安全保障、行政協定、破壊活動防止法。これらの一つ一つにいまさら驚き、ただ怖れていてもきりがないのはわかっているが、理性でわかっていても、私は怖ろしさにからだがふるえ、食欲をうしない、夜も充分ねむれなくなって来た。前記の空おそろしい条約や協定や破防法そのものの恐怖ではもちろんない。それだから発展していく戦争の可能への、底知れない苦悩の想いであった。

原民喜（一九〇五年～一九五一年）は、爆心地から一・二キロの幟《のぼり》町の生家に疎開している時に被爆した。ちょうど便所にいて、生き残った。そして縮景園《しゅっけいえん》を通って逃げた。由緒ある名園も傷だらけの姿だった。見上げる樹木もおおかた中空で削《そ》ぎとられていた。やがて京橋川の河原に辿りついた。そこは大田が辿りついた場所でもあった。原はこの河原で二日、野宿した。大田とはお互いに知らなかったが、ごく近くで野宿していたのだ。

原は妻を前年に亡くしていた。原は妻の死ののち一年だけは生きのびて、その思い出を書き綴ろうと考えていた。だが京橋川の河原で、逃れた人たちと接し、その様子を記録した手帳に、原はこう記した。

「今後生キノビテ　コノ有様ヲツタエヨト　天ノ命ナランカ」

原は近郊の農家に避難し、体調がおもわしくない状況の中、後遺症にさいなまれる被爆者の姿を書いた。そして妻の弟である文芸評論家の佐々木基一《きいち》に、一二月半ば原稿を送った。佐々木はすぐに『近代文学』に持ち込んだが、綜合雑誌のためGHQの事前検閲を、クリアできないだろうと判断された。そして紆余曲折の末、一九四七年（昭和二二年）の『三田文学』六月号に、「夏の花」として掲載された。

一九五〇年、原民喜も大田と同じ苦悩の中にいた。朝鮮へ向けて飛び立っていくアメリカの爆撃機。また原爆が落とされ、あの惨劇が繰り返される。巨大な不安が、原を包んだ。

大田の作品は、原爆への生の怒りを表したものである。一方、原の作品は暗い怒りを内面に沈潜させる形で訴えた。

遠き日の石に刻み　砂に影おち
崩れ堕つ　天地のまなか　一輪の花の幻

これは平和な暮らしも、文学も芸術も、一発の原爆が打ち崩してしまうさまを歌ったものだ。それらは瓦礫となり、わずかに大地の砂に刻まれるごときものに、されてしまうのだ。「一輪の花の幻」とは、最愛の妻のことであろうか、平和のことであろうか。

大田がそうであったように、原も原爆の記憶に神経を苛まれていた。原は自身の心身の変調をこう記している。

私は左側の眼の隅に異常な現象の生ずるのを意識するようになった。日盛の路を歩いてゐると左の眼の隅に羽虫か何か、ふわりと光るものを感じた。光線の反射かと思ったが、日陰を歩いていても、時々光るものは目に映じた。……あの時の驚愕がやはり神経に響いてゐるのであろうか……。

原は一九五一年（昭和二六年）三月一三日の深夜、東京の国鉄中央線の吉祥寺と西荻窪の間の線路に身を横たえて自殺した。原の死は同じ被爆体験を持つ大田にとって、計り知れないショックを与えた。原の追悼会に出席した大田は、痛恨に満ちた言葉を吐いたと伝えられている。

その後大田はやむにやまれず、原の生家を訪ねている。彼の自殺の理由をどうしても確かめたかったのである。「暗中模索にひとしくはあったが、生家の新築の座敷にすわりこんだ」と大田は記している。また毎年おこなわれた命日の会では、肩掛けで首と肩をすっぽりくるんで、うずくまるように座る大田の姿があった。そこには凄絶な気が漂うようであったという。

## 持続睡眠療法

大田は薬による持続睡眠療法を受けた。

篤子は、どこからともなくきこえてくる鐘の音をきいた。ただようようにゆるやかに、ふるえながらひびいてくる。美しい静かな音いろである。近くに寺があるのだと篤子は思った。眼はひらかなかった。からだもうごかず、完全な脱力であった。

大田は一六日間眠った。その神経科の病院でのできごとが、主人公である作家の篤子の体験として、『半人間』に克明に記録されている。意識の覚醒と半覚醒のあいだに横切るさまざまな回想。その間に黒い赤ん坊を生んだ分裂症の同室の女の話、原爆被害者でおちぶれてストリッパーをしている家の女中の話などがまじる。

漫画家のこうの史代は、『半人間』と大田洋子についてこう語っている。

主人公は非常に冷静に物事を観察しているんですが、初対面の人に突拍子もないことを聞いたりして、はたからだと、おかしい人にしかみえないんですよ。私はそれを読んで、自分もこんなふうかもしれないと思ったりするんです。

昔から漫画に関する悪夢をみるんです。自分の描いた漫画の意味が、あとで読み返したらまったくわからないという。常にそういう恐怖感を抱えているんです。

こうのは鋭い感受性を同じように持ち、同じように苦しんだ大田に、非常な共感を持っている。苦しみの中で、大田は主人公の篤子の口を借りて、こういう。

戦後七年間、拷問されている思いです。自殺か逃避か、いい作品を書いて生きるか、三つのなかの一つだと、戦後はずっと思っていました。

だがこの小説の最後は、大田の人間に対する「希望」を感じさせるものだ。月の晩に、優しい看護婦さんが、篤子を外へと連れ出してくれる。そしてこう会話して、物語りは終わる。

「ほらね、満月でしょ。とっても大きな金色？」
「きれいな晩だこと」
篤子も看護婦も月を見ていた。

## 『夕凪の街と人と』

一九五三年（昭和二八年）の夏、大田は原爆投下地のすぐ北側の基町《もとまち》住宅から原爆直下の相生土手にかけての不法住宅の群れを探訪する。そこは原爆スラムと呼ばれていた。

午後三時をかなりすぎていた。この時刻にやってくる、この街特有の夕凪がはやくもはじまっている。風はぴたりととまっていた。一滴の風もなかった。蒸れるような暑さのために、手の甲にまで、汗の玉がふき出た。

被爆の廃材で建てられた家は、朽ちてなかば崩れかけ、雨が降れば水道も瓦斯《がす》の設備もない室内には水がしみこみ、何千軒ともしれない集落に得体のしれない悪臭がただよう。

ゴミの山がくずれて、流れだしているんですよ。便所の壺だって、小っちゃくて、三日もするといっぱいなんですからね、それもあふれて出ているんです。

土手には泥棒がいると子どもがいう。ほかにはどんな人がいるか、と大田は聞いてみた。

土手の上でなくね、横っぺらにね、畳二枚敷いた家があるんよ。あそこに肺病の女のひとがねていたよ。たった一人で、血をはいてねていたよ。基町の婦人会の人がね、土手からバイキンがくるいうてね、どっかへどいてくれと云ったんよ。それからいなくなったよ。——死んだんよ。

ルポルタージュの形式で書かれたこの作品は、ひたむきにヒロシマに迫った大田の、最も執拗なたたかいの記録といえる。大田は彼女の分身である、主人公の作家・篤子の言葉として、こう書きつけている。

この街に人間はいらないのだと云った、短いスカートの、歯のぬけた女の顔が思い出された。篤子もその女と同じことを考えた。街の五十パーセントを道路と公園と緑地帯にし、人間は住む場所をそれだけ狭める。人間は要らないような感覚と、揚句の果ては、瀬戸内海の島々に人々を閉じこめてでも、広大な道路をつくるのではないかという感覚が、篤子の胸にも沁みてくるのである。

大田の政治への疑問が語られている。広島では東西に貫通する幅一〇〇メートルの道路の建設などに巨大な市費が投じられる一方、肝心の被爆者の住む住宅の方が放念されているのだった。また大田は佐原医師から被爆問題についての専門的な意見を聞いた。そして、原爆症の患者を診察する郡山博士に同行した。

「あの日どこにいたの」

「東白島です。一三歳でした。でも耳が一つぐらいなくとも、いのちにさしつかえるほどとは思っていません」

「ただ顔が片方だけ大きいのは、問題ね。首と胸に傷をつけてまで、耳の整形手術をやるかどうか」

そのときラジオの録音班が、若い娘の傍に寄って来て、腰を低め、それとなくマイクロフォンをつきだそうとした。わッと泣き崩れる気配を篤子は知った。

「ろく音するのはよして」　娘は両手を顔にあてて泣き入っている。

原爆で耳が溶けてなくなったり、唇が半分なかったり、両足の指がみんなあべこべの方にひっくり返った少年をみて、大田は泣きながらノートをとった。そして心の中で〈人々よ、これを見られよ〉と激しい怒りを発している。

楠山太郎弁護士は、原爆投下を決定したトルーマン元大統領、マンハッタン計画の指導者、B29の搭乗者をアメリカの最高裁判所に訴えようとしていた。大田も楠山弁護士とともに米国を相手に告訴しようとする。

大田は原子爆弾、放射能という強力な科学力に対して、全身全霊で立ち向かっていこうとしたのだ。だが同時に、大田の繊細な感受性は、次のようなシーンも描きだす。

「これを眼にあてててねえ」

四十五歳の母親は、子供のように、おもちゃの望遠鏡を両眼にあてた。

「一人の時、思い出したように、この望遠鏡で、景色を見ておりますと、ええ気持ちになって、いやなことをわすれてしまいますんよ」

## 広島の文壇からの反発

突然、大田に激しい逆風が吹いた。広島の文壇からの反発であった。『夕凪の街と人と』の主人公篤子に対して、「いったいナニ様のおとおりと思っているのだろう」と評した。基町住宅を歩くにも相生土手を訪れるにも必ず「案内者」を立てて出かけているではないか、というのだ。これは、広島の同人誌や雑誌からの原稿の依頼を、大田がほとんど断ったことから起きた、やっかみでもあったのかもしれない。

同じ頃、山代巴もまた相生スラムに通いつめていた。そしてあくまでも、被爆者の立場に立って「原爆被害者の会」を結成した。さらに「被爆者自身が人生の主人公としてどう生きていくか」を考えるために、山代は被爆者自らが手記を書く手助けをしていた。これは『原爆に生きて』という手記集にまとめられていった。そして山代は『この世界の片隅で』を出版していく。

大田も一時期、山代たちのグループに接近するかにみえた。だが結局は、大田自身から離れていったのだ。文学に政治的なねらいを持たせることに、大田はなじめなかった。また、山代と違い、大田はあくまでも書斎の人であったのだ。後年、大田はこう書いている。

つまり私には行動がないのだ。……そのうちに八月六日が来た。……H市ではこの日を中心に、原水爆反対の国際的な大会が開かれている。私はこの大会に出て行こうともしていない。……H市という一つの街ぜんたいの土地が、もとより三尺高くなったと云われる伝説が、その下の残忍な姿の埋没物を私に思い出させる。私はそれらすべてに、ことさら八月六日を選んでは近づきたくなかった。

現代の表現者・こうの史代へとつながる二人の作家は、しだいにその距離を拡げていくのであった。

## 中央の文壇からの批判

広島の文壇だけでなく、中央の文壇からも大田は批判を受けた。大田は、原爆作家だといわれた。いつのまにか貼られたレッテルである。それは一九五〇年頃から始まって死ぬまではがされることはなかった。最初の頃は、賞賛の意味があった。だが時を経るにつれて、原爆作家の意味が変質してきた。原爆しか書けないいんじゃないか、ほかに書くことはないのか、という非難の意味合いを持ってきた。非難の次にきたのは、「原爆文学はもう終わりだ」という声であった。

山代の章でも書いた第五福竜丸事件は、原水禁運動の盛り上がりを呼び、第一回の原水禁世界大会へと続いていく。国家を相手どり提訴される原爆裁判や、被爆者組織の日本被団協の結成も生んでいく。しかし、原水禁運動の高まりとは逆に、原爆文学はその印象を薄くしていった。まるで、告発すべき対象も情熱も、すべて運動にまきこまれてしまったかのようだった。

平林たい子はこう書いている。

　原爆のレポートも、悲惨さを説く段階は一応過ぎた。(略) 原爆の直接体験だけではもう足りない。

また『夕凪の街と人と』を発表する少し前であったが、民主主義文学を旗印にする作家江口渙《かん》は文学誌『新日本文学』で大田をこうこき下ろしている。

『屍の街』『人間襤褸』とつぎつぎに力作をかいたせいか、さすがの原爆小説の本家本元もそうとう種ぎれのていと見える。もう一度広島にかえってもっといい種を仕入れてくるんだな。

これに対して、大田も感情をむき出しにして応酬した。

このごろは文学者が文学らしくもないことを書くのが流行っていますが、こういう不謹慎なことをいう暇に、自ら広島に出かけて裏町の隅々にどれだけの原子爆弾不具者が辛ろうじて生きているか、一目見てくるといいのです。

大田は自分の文学を理解されず、冷たくあしらわれて、それでますますいきり立っていった。大田のこの激しさは、かえって周りからの孤立をさらに深めていった。また社会派の作家石川達三も、こういったという。「大田さん、原爆を書いたってもうだめだよ」

この時、大田は親しい人の前でかなり落ちこんでいたという。

平和運動の高まりに反比例するように、原爆文学の活動は評価されなくなっていった。栗原貞子は大田洋子の側に立って、「ヒロシマは二度殺された」と激しく憤っている。

第五福竜丸事件は、一九五四年（昭和二九年）三月の、アメリカがビキニ環礁でおこなった水爆実験によって起こされた。

このビキニ水爆実験では、大田は逆接的な激しい言葉を投げかけている。

……水爆実験があって、東京に死の灰と言われるものがふってきた。

「ざまを見ろ」と私は思った。死の灰にまみれてぞくぞく死んで見るとよい。そうすれば人間の魂が現代の不安に対して、どうならなければならないかいくらか納得ができ、心はゆさぶられるだろう。

大田は『夕凪の街と人と』を最後に、原爆を主題とした積極的な作品を書くことをやめた。大田の変貌は突然のようにみえるが、彼女の文学を疎外した人たちに対する憤りが限界に達し、ガマンできないほど追いつめられていたのである。「ざまを見ろ」という言葉を、大田は一度ならず何度も書きつけた。

その崩壊の過程は痛々しい。「ざまを見ろ」という言葉は、天に向かって吐いた唾のようだった。結局は大田自身を痛めつける言葉であった。

そして大田はこうはっきりと書いた。

私は広島の記憶を捨てたい。作品の主題にそれを使うことからのがれたい。

一九五六年（昭和三一年）の『婦人画報』に書いた「私は忘れたい広島の思い出を」である。

## 放浪の旅へ

大田はヒロシマから逃れて、放浪の旅に出た。

輾転反側《てんてんはんそく》とは、思い悩んで眠れずに寝返りばかり打つ、という意味である。まさにその題名の作品『輾転の旅』で、一九六〇年（昭和三五年）大田はこう書いた。

南伊豆に来たのは、東京の底冷えから逃げ出したのでもあった。しかしもっと肝心なことがあった。（中略）

東京に、死の灰と云われるものをふくんだ雨がふり、魚を食べる危険がふって湧いた。人々は眼の色を変えていた。私は天気のいい日に、傘をさして歩く男や頭に風呂敷をのせて歩く女性を見つづけた。髪の毛がぬけることを、人々は怖れていた。

新聞やラジオが私のところに話をききに来た。

「ざまを見るといい」という気に、私はなっていた。だから云わないことではなかったのだと私は思っていた。捨鉢の気分が私にやってきた。そのはずみに私は東京を逃げた。

大田は伊豆の伊東、奥伊豆の谷津温泉や峰温泉を転々とした。そして下田に来た時には、冬になっていた。両どなりが赤線の家にはさまれていた改良亭に下宿した大田は、旅役者やうらぶれた男女の落はくした生きざまをみた。

山代巴も晩年、一ヶ所には定住せず、中国山地の町を転々とした。だが山代には常に仲間がいた。大田の放浪には孤独の影が深い。

また大田は体調もすぐれず、肝臓が悪く、放射線障害かどうかを調べてもらいに、伊豆の国立病院に行った。

「放射能の影響があるかもしれませんけれども、血液にはその証拠になるものが見つかりません」——診断がつかないまま、体調の悪い日々が続くという、へびの生ごろし状態であった。腕の内側に洗ってもとれない黒ずんだ痣をみつけ、あわてて医者に行った。するとヘヤダイで髪を染めた後、腕を頭の下に置いて寝たためだとわかったりした。そんなことの繰り返しであった。増大する不安や恐怖から、大田は終生、睡眠薬や鎮静剤を飲み続けた。

国立病院には、保養所が併設されていた。そこには再起不能の戦傷者の群れが住んでいた。一九五六年（昭和三一年）に書かれた『半放浪』の中で、大田は一人の青年を描いている。

笑った顔で一人の青年が、見知らぬ私に会釈をした。私も会釈を返した。
「どうなさったのです」と私は聞いた。
「脊髄麻痺でしてね。そのうえ私は片方の眼が見えないのです」(中略)
「十五で水兵になって、十九のときにはもう人生の敗残者でね」

青年が乗った軍艦は、台湾沖の海戦で撃沈され船体が真二つに裂けた。ほとんどの乗員が死んだ中、幾人かだけ生き残った。青年は腰の骨を砕かれ、一九歳で半身不随となった。大田はこうした暗い敗残者の姿に、自分をなぞらえている。大田は自らも墜ちることによって、墜ちた場所の救いのない人びとに眼を向けることができたともいえるのではあるまいか。ある種の文学的な深まりともいえるかもしれない。

『半放浪』の中で、ある日大田は大柄な若い娘と出会った。この女も一九歳だという。ひきしまったところはどこにもない、ものの影のような、漠とした姿であった。だが意外にも、大田に対しては親切であった。その女が出会って三日目の夕方に死んだ。心臓麻痺だという。

私の胸がずきりとした。その女の末路は私にとって、印象的であった。どぶ川のほとりを歩いていて、ひょいとたおれたまま、息をひきとったというのであった。

（中略）

女の死骸にかけられた一枚のむしろと、むしろに伝わる女のからだのふくらみを眼にしたとき、刹那のようではあったが、己の末路を妄想した。

## 再び立ち上がって

放浪の旅を終えて、大田は再び立ち上がった。原爆だけではなく、広く戦争の犠牲者を描いていこうと決心したのだ。そして東京鷺宮《さぎのみや》の自宅で、『なぜその女は流転するか』を書き始めた。

その当時、まだ学生であった江刺昭子が大田宅に下宿していた。深夜、原稿用紙をめくる音が、かすかに奥の書斎から漏れてきたという。また江刺が朝食をとっていると、大田がやって来て「やっぱり文学はリアリズムよねえ」と、相槌を求めるでもなく呟いてまた書斎に戻っていったという。学生の江刺にも、大田の神経の高ぶりがピリピリと伝わってきた。

この作品は長編の小説となる構想であった。戦争中の南方開発という国策にそって、福島県猪苗代からテニヤン島に渡った娘が、主人公であった。戦争末期、テニヤン島は米軍の猛攻撃を受ける。その中で、娘は不具者となって生き残った。そして日本に引き揚げてからも、職を転々として苦《にが》い恋も経験するという、流転の物語である。

長編を書く、ということはそうとうな意気込みと覚悟がいる。大田は『夕凪の街と人と』に向けられた悪評に対して、初めて他の戦争犠牲者を物語の正面に据えた、彼女なりの力作で応えよう、としたのだ。

この作品は、一九六二年（昭和三七年）一〇月二五日号の『新婦人しんぶん』創刊号から連載がはじまった。途中入院で一ヶ月あまり休載したが、健康が執筆を許すようになってから連載を再開していた。

大田は病後の無理をおしてまでして、モデルとなった女性に会うために一九六三年（昭和三八年）一二月九日、猪苗代町に旅立った。この作品は、『屍の街』『人間襤褸』につながる戦争告発の文学となるはずであった。〈何としても書き上げなくては……〉との強い思いが、大田の全身に満ちていた。

取材を終えて、大田は中の沢温泉の旅館五葉荘に戻った。一二月一〇日の夜であった。だが厳寒の猪苗代湖は、容赦ない疲労を大田に与えていた。大田は旅館の湯船で入浴中に、心臓麻痺に襲われたのだ。最期の苦悶の中で、未完に終わる作品を思い描いたのであろうか。そしてそのまま、こときれた。享年六〇歳であった。

宿の老女はこういった。

「それにしてもきれいな死に方でしたよ。あの方はすーっと眠ったように亡くなられてねえ。きれいな肌の方でしたねえ。六〇歳でしたか、そうはみえませんでしたよ。つやつや張りがあって、あんなきれいな肌の人は見たことがありません」

『なぜその女は流転するか』は、新聞社に届けられていた分が、大田の死後も掲載された。だが、一九六四年(昭和三九年)二月二七日号の六三回で未完となった。主人公が戦後引き揚げてから、流れ流されて生きる姿を追いつつ、連載は終わっている。

その翌年の一九六五年(昭和四〇年)、山代巴は広島市福島町に住み込んでいた。そして、被爆二〇年記録集『この世界の片隅で』を書き上げた。

この対照的な二人の作家が、現代の表現者・こうの史代にひそやかに影響を与えていく。

そしてこうのは二〇〇四年、初の戦争を描いた漫画『夕凪の街　桜の国』を発表する。また二〇〇七年、呉から戦争と原爆を描いた長編漫画『この世界の片隅に』を発表した。

多くの人が、戦争と原爆を考え、山代巴・大田洋子という作家に思いを寄せてくれたら……、と願わずにはいられない。

〈夕凪の街〉――今は中央公園となっている広島市中心部のこの場所に、私は二〇一九年の一月、出かけてみた。小春日和の午後、なだらかな芝生の上では、高層の基町《もとまち》住宅を背景に家族連れがシートを広げていた。小さな子どもがシャボン玉を吹いている。明るい笑い声が響いてくる。
近くの人もほとんど気づかないが、大田洋子の文学碑がこの公園の西の端にひっそりとある。文学碑は一九七八年（昭和五三年）、「核時代の平和の道標」として建てられた。

少女たちは　天に焼かれる　天に焼かれる
と歌のやうに叫びながら　歩いて行った

『屍の街』の一節が刻まれている。

この大田の文学碑は他の碑に比べて、独特の形をしている。大小一五個の自然石が、あたかも爆風で吹き寄せられたような、碑石群となっている。荒々しく苦渋に満ちた大田の人生を現しているのやもしれない。

大田の魂は、逃れようとして逃れきれなかったこの〈夕凪の街〉で、今も留まっているのではあるまいか。


著者註※大田の出生日、出生地については複数の説がある。ここでは、『大田洋子集』（日本図書センター）の年譜によっている。

第三章

# こうの史代

――共感の源泉

## 広島で生まれて

こうの史代は、一九六八年（昭和四三年）九月二八日、広島市街地の西部、庚午《こうご》という町で生まれた。元の苗字は菅原である。父は設計士であり、自分で設計して建てた家で、一級建築事務所を開いていた。一階が事務所で、二階・三階が自宅だった。母はもと保母であったが、結婚した時に専業主婦となっていた。

両親と姉と妹と弟、四人姉弟の二番目だった。上の三人が女だった。そして三年の間に三人が生まれたので、こうのと姉、妹は一歳半ずつしか離れていなかった。だから親からはよく「姉はこうだった、妹はこうだった。史代は知らないあいだに育ってた」と笑い話にされた。

こうのは絵を描くのが好きな子どもだった。だが両親は教育熱心であり、家ではあまり漫画を読ませてもらえなかった。お小遣いをもらった時に漫画を買ったが、それを読んだら終わりだった。

〈自分で描けば、好きな話にできるし、どんどん漫画が溜まっていく〉――こうのは自分で漫画を描きはじめた。庚午小学校の時には、動物を主人公にした小さいコマ漫画を描いていた。広島大学附属東雲《しののめ》中学に入ってからは、ストーリーのある漫画を描いた。成績が下がるので、親に漫画を描くことをすごく反対された。家では描いてないふりをして、学生カバンに画用紙を入れ、学校帰りに駅のベンチで漫画を描いていた。徹夜してまでも、漫画を描いていた。こうのは夢中だった。――〈これは趣味とは違う。生きがいってものなんだ〉と、こうのは目覚めた。

## 漫画とともに成長

こうのがまず惹かれたのは、松本零士だった。中でも『大純情くん』がすごく好きだった。オンボロ下宿の四畳半で暮らす、ドジな少年の前に現れた謎の美女――科学の不思議な世界が、子どもの心をぐんぐん掴んでいった。

そして古本屋の店先で、こうのは手塚治虫の『罪と罰』に出会う。金貸しの老婆を殺害したラスコルニコフ。自分は天才であり、何をやってもいいんだと考えながら「金がほしいために金貸しばあさんを、おので殺したのはぼくだ」と、叫びたい気持ちを必死で押さえるラスコルニコフ。犯した罪の重さに苦しむ彼の前に、自首をすすめるポルフィーリイ判事と、天使のような娼婦ソーニャが現れる。

心の内を次々と見透かすポルフィーリイに恐怖を覚えて、「あなたはいったいどういう人間なんだ」と、ラスコルニコフは問う。ポルフィーリイから「私はふつうの人です。あなたはどうしてふつうの人にならないんですかね」と返されたのが、中学生のこうのには衝撃的だった。こうのの手は震えてきた。

「ふつうの大人」像として成長していくことへの憧れと恐れは、現在まで続いていると、こうのは振り返っている。手塚治虫の躍動的な絵の中で、ラスコルニコフの心の揺れが、ぐいぐい迫ってきた。

また白土三平の『カムイ外伝』を読み、姉弟で白土の『忍者武芸帳』をお金を出し合って買った。それらの影響を受けて、時代劇や西部劇のような男の人が主人公の漫画を描いた。だが中学時代に描いていた時代劇や西部劇は、自分の生活とは乖離したものであった。

高校生になると、素直に自分で可愛いと思うものや、読んでみたいと思うものを描きたいと思うようになった。そして高校生の女の子が主人公の話を描いた。こうのはこの時から、女の子を主人公に据えることと、日常を描くということを同時に始めたのだった。

こうのは宮沢賢治が大好きだった。特に「台川《だいかわ》」という作品が好きだった。台川は花巻の北西にある、北上川に注ぐ小さな川だ。賢治は農学校の生徒を連れ、この川を訪れる。そして次々と現れる風景と岩石を心にきざみつけ、声に出して生徒に説明する様子を生き生きと描いた。この作品を読むことで、こうのは地質学のこともわかったような気がしてきた。

こうのは大学では、中国文学をやりたいと思っていた。漢詩は洗練されていて、身のひきしまる思いがした。特に杜甫が好きだった。すでに姉が、広島大学の文学部にすすんでいた。父親は「女の子は県外に出したくない」という考えだった。それで文系の勉強は自分でもできそうだと考え、中国文学の次に好きだった地学や物理を学ぼうと、広島大学の理学部に入った。

大学ではイラストマンガ同好会（ＩＭＤ）に入った。同好会では、菅原の苗字から「すがぴー」と呼ばれていた。こうのと共に三人の女子が同好会に参加した。一九八七年（昭和六二年）入部の三人トリオは、みんな絵が上手くて「期待の新人」と呼ばれていた。こうののペンのみで描かれた独自の空気感のある世界は、すでに入学当時から確立されていた。

だが大学の勉強は、こうのには合わなかった。地学を研究していたが、どんどん新しい学説がでてきた。「大学の四年間で学んだことを、一生伝え続けることは無理なんだ」ということに気がついた。また課題で読む本も、本屋さんで買えるものばかりで「その気になればいつでも学べるものなんだ」とも気づいた。そう思ったらもう、急にスーっと勉強への興味がなくなってしまった。

そしてこうのは、広島大学を中退した。

## アシスタントとして

大学は辞めたが、こうのはまだ漫画のプロになる気はなかった。両親からはすごく怒られた。ただマンガが好きで描いているのを知っているので、漫画家になるために辞めたと思ってくれた。こうのはそれに甘えた。

周りから「プロになるために学校を辞めたんだよね」といわれて、そうだと思って、あわてて漫画の投稿を始めた。父は「お金を百万円貯めて、お前の好きなようにしなさい」

といってくれた。こうのはアルバイトをしてお金を貯め、東京で暮らしている妹の家を目指した。

やがてＩＭＤの先輩である、とだ勝之のアシスタントになった。同じ先輩の杜野亜希のアシスタントもつとめた。とだのもとでは五年ほどアシスタントをしていた。


こうのの祖母は呉に住んでいた。母方の祖母であったが、こうのは小さい頃からこの家の養子に行くことが決まっていた。幼稚園の時、ひとりだけ母の実家に行って何日か過ごしたことがあった。風景を描いたり、ジャガイモの芽を取ったりした。こうのにはそれはすごく楽しい思い出だった。養子の話も夢が叶ったようなものだった。

祖母は一九九三年（平成五年）、こうのが二五歳の時に亡くなった。その直前に、正式に河野家と養子縁組をした。菅原史代から、こうの史代になったのだ。

こうのは後に、『平凡倶楽部』というエッセイ集の中でこう書いている。


生まれた時には菅原という姓であった。女女女男の四姉弟の二番目であった。問題児でもない代わり、我ながら冴えない子供だった。おかげでもの心付いた頃には、跡取りの無い母の実家の養女に迷わず選ばれていた。

またアシスタント時代に知りあった男性と、後に結婚をした。籍は入れず、最初から別姓の夫婦だ。雑誌のインタビューで、こうのはこう語っている。

そうして始めた夫との生活で、血縁とは違う繋がりみたいなものに興味を持ったんだと思うんですね。だからそのへんの題材というのはこれからもちょっとずつ出てくるし、ずっと根底にあるものでしょうね。

## 漫画家デビュー

一九九五年（平成七年）、二七歳の時にこうのはデビューした。双葉社の『漫画アクションファミリー増刊号』に、『街角花だより』を描いたのだ。当時こうのは花屋さんでアルバイトをしていた。おっとりした花屋の店長のうららが登場する物語だ。父親の三度めの命日に、好きだった小菊に囲まれて満足そうに店先に座るうらら。こうのは「何気ない日常がきらめいている」ことが、読者に伝わればと願っていた。

その後で、こうのはインコを拾った。一週間でいなくなったが、インコとの暮らしは楽しかった。こうのはインコを飼い始め、そして『ぴっぴら帳』の連載が始まった。食堂につとめるキミ子と、彼女に拾われたインコの「ぴっぴらさん」との日々が、四コマ漫画に描かれる。こうのは単行本のはじめにこう書いている。「宝物のような毎日は、突然ひょいと訪れたりします」

やがてぴっぴらさんは、大きな鳥になる。にわとりの『こっこさん』だ。小学生のやよいに、ある日ついてきた「こっこさん」。白い体は、見果てぬ夢にはちきれそうだ。台風の日、激しい風の中、雨にも負けず飛び立っていってしまった「こっこさん」。翌日、降りられなくなった電柱の上で、「こっこさん」はあせっていた。そして電力会社のおじさんに助けられることになる。やよいと「こっこさん」のユーモラスな波乱の日々が描かれていく。

こうの自身も、小学一年生から九年間、にわとりを飼っていた。庚午の家の前にある太田川放水路の土手で散歩させ、つやつやの白い背中を飽かず眺めていた。

イヌタデ、ムラサキカタバミ、エノコログサ。こうのの漫画には、身近な草が登場する。

草や花、そしてインコやにわとり。日常の暮らしの中のきらめきこそが、宝物なんだ、というこうのの姿勢は、確かな立脚点となっていた。

## 『夕凪の街』

二〇〇二年の夏、こうのは双葉社の編集者と話をしていた。お盆に帰省したとかしないとか、他愛のない話だった。その時編集者はこういった。

「広島のことを描いてみない？」

こうのは以前から、広島弁で漫画が描いてみたかった。憧れている宮沢賢治が、方言で小説を書いているのだ。それですぐにこうのは「いいですよ」と答えた。

〈やった、これで思う存分広島弁が使える！〉

だが、編集者のいう「広島」とは「ヒロシマ」という意味だった。「広島といえば、原爆の話が読みたいんです」といわれて、こうのは〈しまった！　原爆だ〉と思った。

こうのは学生時代、なんどか平和資料館や原爆の記録映画で倒れかけては周りに迷惑をかけてきた。また「ぴかどん」がトラウマであるとも語っていた。こうのには、熱心な読者が二〇年以上に渡って運営している「ファンページ掲示板」がある。そこでこうのはこう発言している。

絶対にわたしは原爆作家になるわけにはいかないから。というのも、原爆は特定の誰か（体験者を除く）が独占してはいけない題材だから。というのも、独占しようとする争いを広島人としてさんざん見せられてきたから。

これは、原爆をめぐる「原水禁」「原水協」の勢力争いだけではない。また日頃の暮らしの中でも、こうのは「原爆」を避けてきた。
夫との毎日の中で、テレビで原爆の番組をやっていたらチャンネルをすぐ替えたりして観ないようにしていた。こうのは夫に聞いた。「なんか原爆の話を描けって言われたけど、どうしようかね」。するとこう答えが返ってきた。「描けばいいじゃん。お前なんかいつもチャンネル替えるし、変だと思ってた」。母親に電話で聞いてみても「描けばいいじゃん」といわれた。
こうのは広島市に生まれ育ちはしたけれど、被爆者でも被爆二世でもなかった。被爆体験を語ってくれる親戚もなかった。当事者でもない自分が、原爆を軽々しく扱うべきではない、と思っていた。それは「おこがましい」ことだとずっと考えてきた。

しかし、東京に出てきて暮らすうち、広島と長崎以外の人は原爆の惨禍について本当に知らないのだということにも、だんだん気付いていた。原爆と無縁でいようとしていた自分を、こうのは不自然で無責任だとやはり感じていた。そして自分たちは伝えるぐらいの責任はせめて負うべきなのだ、と感じるようになってきた。

漫画の掲載は翌年の夏なので、一年間は準備の期間があった。そして資料を図書館で借りて読んでいった。山代巴が編集した被爆体験集『原爆に生きて』も参考にした一冊であった。

『夕凪の街』は、一九五五年(昭和三〇年)の広島を描いている。広島は「夕凪の町」として知られる。海沿いの町なのに、夏の夕方から風がパタリと止まり、蒸し暑い夜に襲われるのだ。

主人公は平野皆実《みなみ》、建設会社に勤めている。皆実は原爆で父と妹、姉を亡くし原爆スラムと呼ばれるバラックが建ち並ぶ集落で、母と二人で暮らしている。雨の日は雨漏りのため、お茶碗をいくつも並べる生活だ。床はなめくじの足跡でぴかぴかになる。

西平和大橋のたもとで、皆実は思いを寄せていた会社の打越と口づけをかわす。だが、この橋が新大橋と呼ばれていた頃の、八月の光景が蘇ってくる。――橋の上にも、川の中にも夥しい死体が……。

あの日、皆実は死体を平気でまたいで歩くようになっていた。地面が熱かった。靴底が溶けてへばりついた。そして、腐っていないおばさんを冷静に選んで、下駄を盗んで履く人間になっていた。あれから十年、しあわせだと思うたび、美しいと思うたび、「おまえの住む世界はここではない」と誰かの声がする。

翌朝、原爆ドームを訪れた後、皆実は打越にこういった。「うちはこの世界におってもええんじゃと教えて下さい」。打越は「生きとってくれてありがとうな」と皆実にいってくれた。

だがその日の夜から、皆実は体中の力が抜けて寝込んでしまう。足が立たなくなり、何も飲み込めなくなった。そしてまっくろな血を吐いた。原爆症だった。やがて皆実の目はみえなくなり、像を結ばない白いコマが、皆実のとぎれとぎれの意識を表していく。その中での皆実の思い。

十年経ったけど、原爆を落とした人はわたしを見て
「やった！　またひとり殺せた」
とちゃんと思うてくれとる？

最後のコマは、打越から贈られたハンカチを握りしめた、ケロイドの残る皆実の左腕のシーンだった。左腕はもう動かなかった。

『夕凪の街』という題名は、作家大田洋子の『夕凪の街と人と』からつけた。また次に述べる『桜の国』も大田の小説『桜の国』と同じ題名だ。こうのは中国新聞のインタビューでこう語っている。

『夕凪の街と人と』を書いた大田洋子は、私の人生や健康を分けてあげたいくらい好きな作家。観察眼も感性も鋭く、何が起こるんだと思わせるタイトルのセンスもいい。原爆について書く人がいない時代、よその家から障子紙を集めて書いた。勇気のある人だと思った。

大田も描いた原爆スラム。そして午後三時頃にやって来る「夕凪」――風はぴたりと止まる。こうのの作品で終盤、風が吹いてきた。
「ああ、風……。夕凪が終わったんかねえ」
そして、原水爆禁止世界大会のビラが風に舞い、川面に落ちた。最後のコマで、こうのはこう記した。

このお話はまだ終わりません。
何度夕凪が終わっても、終わっていません。

さらにあとがきで、こうのはこう書いている。

貴方の心に湧いたものによって、はじめて完結するものです。これから貴方が豊かな人生を重ねるにつれ、この物語は激しい結末を与えられるのだと思います。

## 『桜の国』

『桜の国』では、亡くなった平野皆実の弟、石川旭《あさひ》が被爆者であった太田京香と結婚する。その時実母である平野フジミはこういって反対した。

あんた被爆者と結婚する気ね？
何のために疎開さして養子に出したんね？
うちはもう知った人が原爆で死ぬんは見とうないよ……

この作品は、旭の子どもである七波《ななみ》と凪生《なぎお》の物語である。『桜の国（一）』では、一九八七年の東京が描かれる。石川七波は一一歳である。『桜の国（二）』では、二〇〇四年の東京と広島が描かれ、七波は二八歳になっている。

この作品でこうのが描きたかったのは、被爆二世だ。「被爆二世の人が今も元気でいるっていうことを、原爆になんの興味もない人にも知ってほしいという気持ちがある」とこうのは語っている。

被爆二世である七波は、元気な野球少女だ。大人になった七波は、最近様子のおかしい父石川旭を追いかけて、友人東子《とうこ》と広島へ旅をする。その旅のなかで、七波は弟凪生と東子が恋愛関係にあるのを知る。だが凪生は、東子の両親に気をつかい、別れの手紙を書いていた。

七波と東子は路面電車の広電に乗り、蒸し暑い夏の広島で父の後をつける。東子は平和公園へも足をのばす。七波が父の足跡を辿ると、父はお墓に参ったあと、太田川の土手に長い時間座っていた。かつて原爆スラムがあり、旭と皆実が暮らしていた場所だ。父旭は、五〇年前になくなった皆実を偲んで広島に来たのだった。

帰りの東京への深夜バスの中で、東子は七波に向かってこういう。「ここに来られてよかった。今度は両親と来るわ。来れば父も母も、きっと広島を好きになると思うから」

ラストは凪生からの別れの手紙を、七波が小さくちぎって風にのせる。別れの手紙は、まるで桜の花びらのように舞っていく。こうのは『桜の国』という題名に、力強い若者の姿を託した。それはかつて大田洋子が書いた『桜の国』ではない。こうの史代が新しく描いた、現代の希望を紡ぐ——桜の物語だ。

『夕凪の街　桜の国』は一冊にまとめられて、二〇〇四年双葉社から出版された。そしてこの作品は、第八回文化庁メディア芸術祭大賞、第九回手塚治虫文化賞新生賞をダブル受賞した。選考評には「声高に反戦・反核を叫ぶのではなく、一人の人間がいやおうなく歴史と切り結ばざるを得ない悲劇を、淡々と描いている」「力強いメッセージ性を持ちつつも、押しつけがましくならずに読者の受容を喚起する、独特の表現方法に感服した」とあった。

こうのはこう語る。「誰かが書くべき、残しておくべき作品だったのだと思う。たくさんの忙しいマンガ家の代わりに、たまたま時間のあった私が書いただけです」

新聞社のインタビューはこんな言葉で締めくくられていた。

「執筆場所は、もっぱら台所に置いたちゃぶ台。かたわらの鳥かご三つから、三羽の小鳥が見守っている」

## 激しさと静かさ

『夕凪の街　桜の国』が受賞した後、人々の脳裏に浮かんできたのは、中沢啓治の『はだしのゲン』だ。この二つの作品は、非常に対照的だ。

中沢啓治は、一九三九年（昭和一四年）生まれ。舟入中町にあった神崎国民学校一年生の時に、八月六日を迎えている。早志百合子の章で述べる『原爆の子』の「序」には、中沢の手記が引用されている。

学校につくと、きゅうに思い出した。わすれ物をしたのだ。ぼくは早速家に帰ろうと思い、学校の裏口まで来た時、一人のおばさんが、ぼくにたずねた。そのおばさんは、ぼくらの組のおばさんでした。

その時、ものすごい光が目に入り、気がつけばあたりは真っ暗。中沢は塀に遮られていたおかげで、奇跡的に助かったのだ。おばさんは三〇〇〇度を超える熱線を浴びて黒こげになっていた。父、姉、末弟を失い、妹も四ヶ月半後に亡くなった。

被爆のトラウマは幼い中沢を苦しめ、「原爆」の二文字をみただけで地獄絵図と死臭を思い出してしまった。そして原爆症の不安もあり、原爆のことはずっと忘れようとしていた。だが二七歳の時に転機が訪れる。母が亡くなり、広島に戻り火葬してみると、放射能のため母の骨はすべて灰となり遺骨はひとかけらも残らなかった。その上、火葬前にABCC（原爆傷害調査委員会）は、母の遺体の解剖を迫っていた。原爆症で亡くなった人のカルテには、「標本名」という言葉が記されていたという。この冷酷さに中沢は驚いた。そして怒った。この時から中沢は「漫画の中で闘ってやる！」と覚悟を決めたのだ。

『はだしのゲン』では、被爆時の爆風や炎のすさまじさ、火に巻かれて死んでいった人々の黒こげの死体、皮膚をたれ下がらせてさまよい歩く人々の姿が克明に描きこまれている。それに対してこうのの作品は、トーンを使わない手書きのやわらかな線で表現されている。また「原爆」という言葉自体、『夕凪の街』では二回しか使っていない。被爆者である中沢と、被爆者ではないこうの。激しい表現と静かな描写。それぞれの作風は明らかに違うのだが、それぞれの作品が訴える力は強い。こうののやわらかな描写によって、それだからこそ、原爆の残酷さが際立ってくるのだ。

受賞の後、それまでほとんど無名であった、こうの身辺は奇妙な賑やかさで満たされるようになった。あちこちに出てしゃべる機会が急に増えた。慣れないことばかりで、地に足がついていないような状態だった。

この時期、こうのは『さんさん録』という作品を雑誌で連載していた。妻を亡くした初老の男性、奥田参平が主人公だ。息子一家と同居することになった参平は、妻の遺した『奥田家の記録』を発見する。そこから、料理や掃除、裁縫といった生活上の技術を学びながら、参平は主夫として、家族との関係を新たに作っていく物語だ。

こうのは『さんさん録』のあとがきに、こう書いている。

日記を付ける暇すらほとんどなくなってしまったけれど、何に出会い、誰を思いながらどこを描いていたか、この作品をめくれば思い出せます。

いま思えば、この連載のなかに淡々とした日常が詰まっていたおかげで、足許を見失わずに済んだのかもしれません。

## 『この世界の片隅に』

こうのはさまざまな評価を受けながらも、自分自身では原爆は描いたが、「戦争を描いた」という意識はなかった。『夕凪の街』では昭和三〇年代の広島を描いたつもりであった。「戦争マンガ」といわれることに違和感があった。

だがこの作品を広島以外の人も読んでくれて、広島に関心を持ってくれた。〈自分は、よその戦争に興味を持ったことがあっただろうか〉と思った。祖母が呉戦災について話してくれた時も、適当に聞き流していたような気がした。すると急に良心の呵責を感じて、〈このままでは気がすまない〉と感じた。こうのには、原爆ものだけで戦争を語るのは不十分だという思いがあった。それで今度は、自分のやり方で「戦争」を描こうと思った。

こうのは戦争体験者にはあえて話を聞かない、という方法をとった。

聞いちゃうと、その人が言ったようにしか描けないんですよ。あと、個人の事情には、誰かを傷つけることとか、言っちゃいけない事っていうのは必ずあるんで、そこらへんを乗り越えるためには、創作っていうのは欠かせないのではないかと思いましたね。

そのかわり、こうのは資料を徹底的に調べた。いま手に入れることができる資料だけで、彼らのいおうとしたことがどのくらい伝わるか、というのを示すのが自分の役割だと思った。作品が不十分であったり、誰かの意に沿わないものであったりするならば、それは資料が足りないからその人たちの心に響かないのだ、と覚悟を決めた。

広島は原爆が落とされるまでは、ほとんど空襲にはあってはいない特殊な街だった。——「戦争」を描くには、空襲や食料難などで、いつ自分が死ぬかもわからないヒヤヒヤした状態、死と隣り合わせの日常を体感できる街でないといけなかった。それは戦災があった街なら、広島以外のどこでもいいと思っていた。それである時、呉にしたらいいんじゃないかと思った。軍港だから戦艦大和のふるさとということでみんな知っているし、自分も好きな街だった。

そして物語は始まる。

『この世界の片隅に』は、本編の前に単発で発表された、三つの重要な短編がある。「冬の記憶」「大潮の頃」「波のうさぎ」だ。「冬の記憶」で幼いすずと周作は出会っていた。人さらいに連れていかれるところだったのだ。

大男の籠の中から、すずは望遠鏡をのぞいてみる。ぼんやりと産業奨励館(後の原爆ドーム)がみえていた。このシーンは、大田の『夕凪の街と人と』の母親の気持ちにも通じるものだ。

「この望遠鏡で、景色を見ておりますと、ええ気持ちになって、いやなことをわすれてしまいますんよ」——こうのの感受性と大田の感受性が、静かに共鳴している。

そして大人になった周作は、すずの名前をしっかりと覚えていたが、すずはこういう。

「わたしはよく人からぼうっとしていると言われるので、あの日の事もきっと昼間の夢だと思うのだ」

## 昭和一八年から昭和二一年の物語

三つの短編の後、本編は昭和一八年一二月から始まる。これは隔週刊の『漫画アクション』に、平成一八年から連載された。そして平成二一年の最終回で昭和二一年が描かれ、物語の中の時間は、昭和と平成がほぼ対応するように流れていく。

すずは広島の江波《えば》で、海苔を作る家で育った。温厚でおっとりしていて、絵を描くのが大好きな少女だ。やがてすずは、呉の北條家の周作に嫁いでいくことになる。

広島駅を出た呉線は、吉浦からトンネルに入る。それを抜けると、東洋一といわれた呉港とそれを見下ろす灰ケ峰がみえる。呉駅から堺川に沿った蔵本通を歩く。市街地はさらに山のほうへと続いていく。古い民家の間をクネクネと続く細い坂道を、息をきらして登っていくと、やっと灰ケ峰の中腹にある北條家だ。

周作さんは海軍の軍法会議の録事《ろくじ》をやっていて、口数は多くはないが優しくて頼りがいがあった。北條家のお父さん、お母さん、そして義理の姉徑子《けいこ》さんとその娘の晴美さんとの六人の生活だ。

戦局が厳しくなっても、すずは着物を頑張ってモンペに仕立てなおし、幼い晴美さんにも小物入れを作ってあげる。そして、たんぽぽの根を砂糖と醤油で煮、米を煎って三倍の水でじっくり炊き上げて楠公飯《なんこうめし》を作る。なんでもない日々を幸せに暮らしていこうとするすず。

こうのの描くこの作品では、スイカもキャラメルも、たんぽぽもスミレも、海も山も、みんな愛おしい。日常の細やかさの中に、あたかもその細部に「神」が宿っているようだ。このかけがえのない「日常」を奪いさるものとして、戦争の残酷さが浮かび上がってくる。やがて呉への空襲は激しくなる。そんな折り、すずが晴美さんの手を引いて歩いている時に、そのそばには不発弾が……。気がつくとすずは布団の中。横には泣き続ける徑子さんの姿が——あの時不発弾が爆発し、晴美さんは亡くなり、すずはつないでいた右手を失ったのだ。

もし晴美さんとつないでいた手が逆だったら、晴美さんは生きていたかもしれない。そして今までたくさんの絵を描き、この苦しい世の中に幸せを見出してきた右手を失ってしまったすず。

晴美さんの声が蘇ってくる。「何のフネが居《お》りんさるんかね」。そしてすずは答える。「居《お》ったのは青葉よ、晴美さん」——すずだけが持っている、晴美さんの記憶だ。

すずはこういう。

生きとろうが、死んどろうが、
もう会えん人が居って、ものがあって

うちはその記憶の器として、この世界に在り続けるしかないんですよね。

こうのは戦争や原爆を、政治的な問題として解決して、そして忘れていくというふうには捉えていない。「やがて　こころの底にふかく沈んで　いつしか　あなたの」考え方を変えてしまうような沈殿物のようなものと考えている。すずの心の底にふかく沈んだ記憶は、ラストのシーンへとやがてつながっていく。

昭和二〇年八月——すずは晴美さんを助けられなかった後悔と、片腕となり家事のできない自分を不甲斐なく感じ、広島の実家に帰ろうとしていた。だが徑子さんは、すずが一人でも着られるモンペを作ってくれた。そして「すずさんの居場所はここじゃ」といってくれた。すずが「やっぱりここへ居らして貰えますか」といった瞬間、凄まじい地響きの音が……。すずたちが外に出ると、あちこち光る巨大な雲が……。広島に落とされた新型爆弾だった。

広島から爆風に飛ばされて、一枚の障子が北條の家の近くの木にひっかかっていた。まわりの人たちはこういっていた。「広島の者はかえって行かん方がええいう話じゃが、ほんまかもしれんのう」

昭和二一年一月、やっとすずは江波に行くことができた。母は行方不明で、父も十月に亡くなっていた。妹は目まいがすると伏せっていた。戦後の海軍の解体の仕事を終えた周作と、すずは産業奨励館（原爆ドーム）の向かい岸で待ち合わせをしていた。何人もの人が、探し回っている人ではないかと声をかけてくる。

この街はみんなが誰かを亡くして、みんなが誰かを探しとる。
みんなが人待ち顔ですね。

そして橋の上で並ぶ二人。周作はいう。「すずさん。わしとすずさんが初めて会うたんはここじゃ」——そこは幼い頃、人さらいに連れていかれそうになった二人が出会った場所であった。「わしはすずさんは、いつでもすぐわかる。ここへほくろがあるけえ、すぐわかるで」と周作はすずにいった。

そして広島駅前で、すずは一人の孤児に出会う。女の子はあの日の朝、母親と海苔でごはんを食べている最中に被爆したのだ。母親の右手にはガラスの破片が突きささり、肘から下は失われた。だがその母も亡くなり、母と同じように右手を失ったすずをみて、女の子はおにぎりを差し出してくれた。そんな女の子にすずはいった。

「よう広島で生きとってくれんさったね」

そしてすずと周作は、女の子を引き取ることにする。すずの記憶の器に深く沈んでいた、晴美さんへの思いが、女の子の手を包み込んだのであろう。

こうのは「記憶の器」として、記録することに深い意味を込めている。記憶はやがて心の底に深く沈んでいく。そしてそこから、あなたの心に湧いたものによって、次の一歩が踏み出されるのだ。

またこうのは「記憶の器」について、インタビューでこう語っていた。


女の子の日常を描こうと思った高校時代から、何気ない日常のようにみえて、同じ日というのは一日もないわけじゃないですか。そのとき咲いていた花や、となりにいる友達がいつのまにか変わったりする。そういうふうにみるみる変わっていって、もう戻ってこないものってたくさんあるんですよね。それを描きとめるっていうことをやりたいと思って。

ラストのカラーページは、女の子をおんぶする周作と、女の子がしっかりと袖をにぎったすず——この三人がすずの「居場所」呉へと、歩いていくシーンであった。

## 『この世界の片隅に』と『この世界の片隅で』

第一章でみたように、山代巴は『この世界の片隅で』を編集した。山代をはじめ、八人の著者による原爆のルポルタージュ集だ。その中で山代は「ひとつの母子像」を書いている。

こうのは『夕凪の街　桜の国』を描く時に、山代が編集した被爆体験集『原爆に生きて』は読んでいた。だが、『この世界の片隅に』を描く前には、あえて『この世界の片隅で』は読んでいなかった。こうのはこう記している。

山代巴には大変な敬意を抱いていていて、この人のおかげで原爆文学は大きな広がりと奥行きを持った事は疑いようがない事実ですが、わたしに許されるやり方とはちょっと違う気もしています。

今思うと『この世界の片隅で』まで読んでしまうとぐらついてしまいそうで、それで必死で探してでも読もうとしなかったのかもしれません。

だが、ぐらついてしまうことをおそれて、手にとらなかった本だが、その中の山代の文章「ひとつの母子像」は、『原爆に生きて』とほぼ重複している。

中国新聞のインタビューでこうのは、後に読むことになった山代の「ひとつの母子像」が印象に残った、と語っている。

「片隅で」だと広島に根を張るたくましさが表現されるが、私は広島から呉に移り、居場所を見つける物語の軽やかさを表すため、「片隅に」とした。

山代はあくまでも『この世界の片隅』で、立ち続ける道を選んだ。福島町の、被爆者の、内からの存在感がその立脚点だ。

現代に多くの共感を呼んだこうのは、『この世界の片隅』に、と視点が移動することによって、広島だけではない、そして原爆の被害者だけではない、より多くの読者の共感を生む「普遍性」を持ち得たのではないだろうか。

ここで、もう一度「はじめに」で投げかけた問いを考えてみたい。

こうのは山代の作品にも、大田の作品にも直接には影響は受けていない。ただ、その題名に惹かれて、自身の作品にも同じ言葉を使ったのではないだろうか。

そして私は、こうのが好きだという言葉を思い出す。

「わたしはいつも真の栄誉をかくし持つ人間を書きたいと思っている」（ジッド）

大田と深く共鳴したこうのの感受性。そのこうのの感受性は、山代の終生の原点となった「ひとつの母子像」にも、「真の栄誉」を見出したのではあるまいか。

『この世界の片隅』と『夕凪の街』——はからずもこの題名は、三人の広島の女《ひと》の意識の底での繋がりを、暗示しているのではないだろうか。

## 『この世界の片隅に』を描き終わって

こうのはこの作品のあとがきでこう書いている。

わたしは死んだ事がないので、死が最悪の不幸であるのかどうかわかりません。他者になった事もないから、すべての命の尊さだの素晴らしさだのも、厳密にはわからないままかもしれません。

このは登場人物が「死ぬかどうか」ではなく、「どう生きているか」に重点をおいて、この作品を描いた。そこがこれまでの戦争を描いた漫画と、くっきりと異なっている点であった。

また漫画家おざわゆきとの対談の中で、次のようにいっている。

私は漫画を描く者として、たくさんある中のひとつのテーマとして「戦争」を描いたにすぎないんですね。戦争の伝承者として描いているわけではない。「戦争の伝承者」とくくられてしまいがちですが、「その位置ではない部分」から描くというアプローチが大事です。

この作品は多くの人の共感を呼び、映画化のためのクラウドファンディングで三九〇〇万円もの資金が集まった。そして片渕須直《かたぶちすなお》監督によって見事な映画となった。映画化の後、こうのは若者に向けてこう語った。

戦争の経験者とも、それ以外の人とも共有できるものにできたらいいなと思って描きました。私たちは戦争を知ってる人と交流できる最後の世代——戦争を知っている世代の人と誠意を持って接し、表情を含めた彼らの言葉を逃さないように、その一つ一つを心の中に大切に取っておくような気持ちでいることが必要だと考えています。

そして西島大介（漫画家）・さやわか（ライター）との対談では、こういっている。

ひとりのひとが描いたものは、決まったひとにしか届かないんですよ。戦争はみんなが負うべき課題で、それをみんながちょっとずつ、手が空いているときに背負えば、たくさんの作品も出るし、たくさんのひとに届く。

こうのは「戦争」について、多様な描かれ方をこそ、求めている。

## 核に向かいあって

『日の鳥』は、二〇一二年三月から二〇一六年一月まで、『週刊漫画ゴラク』で掲載された。この作品は、東日本大震災の後の東北を訪ねる物語だ。こうのはこう語っている。

この連載では、被災地を描いてゆきます。

特に何が訴えたいとか思想信条があるわけではないのですが、ともかく今は描きとめる事が、この時代のこの場所にいるわたしの使命なんだと思って、企画を持ち込みました。

取材は二〇一一年の夏からすでに始められていた。登場するのは、雄鶏。突然いなくなった妻を捜して旅に出る。構成としては、東北各所の精緻だが温かいボールペンのスケッチ、その中に必ず雄鶏が描き込まれる。そして雄鶏のコメントと食べたもの、欄外にはこうの自身の二行ほどの注が添えられている。

二〇一四年九月の元大槌《おおつち》町役場。震災遺構として保存されるために、白い囲いが張りめぐらせてある。「逢えない誰かを忘れないでいるのは、案外難しい事だよ。だから、会えない誰かを忘れられないのは、けっして恥ずべき事ではないのだよね」とコメントにある。

また二〇一五年五月の宮城の美田園《みたぞの》駅近くの仮設住宅では、こうコメントされている。

土曜の午後の日射し、初夏の薫る風
テレビの笑い声、円《まる》く座った女達の背
だれも望んでなかったかもしれないこの日
それでももう、二度とは戻らない、この懐かしい日

震災の傷痕も生々しい絵もあるが、そのほとんどは「日常」の風景。二度、三度と訪れる地域も出てくる。どれほどその地が変わったか、あるいは変わっていないのかがみえてくる。

そして二〇一七年の暮れにも、こうのは釜石を訪れている。「死者がどこかで幸せに暮

らす様子を描いた絵馬」が無数に飾られていたという鵜住居《うのすまい》の寺だ。こうのの旅は、まだ続いている。

そしてこうのは今、新しい作品に取り組んでいる。『リーゼと原子の森』だ。原子物理学者のリーゼ・マイトナーの人生を描くものだ。

リーゼ・マイトナーは、一八七八年一一月七日にオーストリアのユダヤ系家系に生まれた。ウィーン大学で物理を学び、オーストリアで二人目の女性博士となった。ユダヤ人差別や科学界における女性差別にさらされながら研究を続けた。

一九三四年マイトナーは、ウランに中性子をぶつけることでウランより原子量の大きい原子（超ウラン原子）を生み出せるという論文を読み、非常に興味を持った。これを確かめるためには、物理だけでなく、化学からのアプローチも必要と考え、オットー・ハーンに共同研究を持ちかけた。一九三八年マイトナーはハーンから、次のような手紙を受け取った。

「ウランの原子核に中性子を照射しても大きくならず、しかもウランより小さい原子であるバリウムの存在が確認された。何が起きているのか、意見を聞きたい」

マイトナーは直観した。〈これは核分裂が起きているのだ〉

またアインシュタインの方程式$E=MC^2$が実際の現象にあてはめられたのは、この時が最初だった。そして生まれるべきEエネルギーの数値もぴったりと一致した。「核分裂の発見」である。

だがナチスを恐れたハーンは、マイトナーの名前をはずして論文を発表した。そして彼女自身も候補に上がっていたノーベル賞はハーンに与えられた。マイトナーには、ハーンから贈られた彼の母親の指輪だけが残された。

マイトナーは一九四三年、イギリス政府から原爆開発への協力を求められたが、「爆弾に関わるつもりはありません」と断固拒否し続けた。一九四五年八月六日、広島に原子爆弾が投下されると、マイトナーの元には取材が殺到した。当時、アメリカやドイツの原爆開発者とは連絡をとることができなかったからだ。マイトナーは「いささかも関わっていません」と繰り返した。マイトナーは一九六八年、老人ホームで八九歳の生涯を閉じた。その碑文には、「リーゼ・マイトナー――人間愛を失わなかった物理学者」とある。

こうのはリーゼの生涯の前半の部分を、一二ページにまとめた。コケモモが色づく森や北欧の妖精トロルなどもからめながら、自然を愛し、科学を愛し、そして人を愛した人物として、マイトナーを優しいタッチで描いた。本当は亡くなるまでの四〇ページをすでに描いていたのだが、絞った形だった。そして『コミック　ゼノン』の二〇一八年一二月号で発表した。
この作品の最後で、マイトナーはこういう。

不思議を愛する心、大きくて正しい尺度
科学が教えてくれるやり方で、わたしは友達や居場所を見つけてきたわ
わたしは信じている
もし科学が人を困難に巻き込むことがあるとしたら
それはわたし達が本来あるべき
「善《よ》い人間」にまだ達していないせいよ

そしてこうのはずっと応援し続けてくれているファンに向かって、こう語った。
没後五〇周年ときたら、なんかやるしかないような気がしてくるじゃないですか！
広島や長崎を思って悩んだりしたんじゃないかなあ、と思うと、なんか広島人とし

て記しておきたい気もするじゃないですか?!

ええ、残りの人生も、いずれ描きますとも！

……ま、まあ、一〇年後には生誕一五〇周年が来るから、それまでにはせめて英語を何とかしよう……。


ファンから愛されるこうのであり、また彼女の描く作品である。

こうのはこれからも、記憶の器として「日常」を描きとめていこうとする。『夕凪の街　桜の国』『この世界の片隅に』『日の鳥』、そして『リーゼと原子の森』へと続く作品。だがそれらの作品の日常風景の向こうには、聳えている課題として核の問題がある。こうのはこの問題と、これからも誠実に向かいあっていくのであろう。

第四章

# 早志百合子

――『原爆の子』を生きて

## 広島で生まれて

「はい！　一、二、三、四、両腕を伸ばして〜」

ハリのある掛け声がスタジオに響く。軽快な音楽にあわせて、ピンクのタオルが躍動する。NHK広島で、毎週月曜日一一時半から放送されている「ひるまえ直送便」。そこでエンジョイ・ストレッチのコーナーに生出演しているのが、早志《はやし》（旧姓山村）百合子だ。とても八〇代にはみえない。

早志は一九三六年（昭和一一年）八月三日、広島に生まれた。両親の深い愛情を受けて、幸せな子ども時代を過ごした。また、早志の家は比較的裕福であった。家には使用人がおり、その中には朝鮮人もいたが、早志の父は一切差別をしなかった。それは当時では、めずらしいことだった。

士族出のお姫様育ちであった母は、美しくおしゃれな人だった。戦時中であったが、モンペをはかず着物で通した。防火訓練や竹槍訓練も一度も行かなかった。早志の家の塀には石が投げつけられたり、「非国民！」といわれたりしたが、母は一切気にしなかった。

そして灯火管制で灯りをつけられない部屋で、蓄音機をかけて、ふろしきをおしゃれに巻いた百合子を踊らせた。早志はダンスや歌の好きな明るい子どもとして育った。

## 八月六日

昭和二〇年八月六日、早志の九歳の誕生日の三日後であった。一家は爆心地となる地点から、一・六キロの土手町（現在の比治山町《ひじやま》）の木造二階建てに住んでいた。

八時一五分——本来は父は家を出ている時間であったが、何故がその日は全員が家の中にいた。ちょうど父は、仕事に行こうとして靴を履いているところだった。早志は玄関先で、母に洋服のボタンをつけてもらっていた。弟もそばにいた。

その時、庭先のへいの向こう側でピカッとものすごく、そして鋭く光ったのを早志は確かにみた。数秒後、ドーンという地響きのような音が聞こえた。そしてあたりは真っ暗になった。早志は何メートルも飛ばされた。そして帯ダンスの下敷になっていた。「たくてけえ、たくてけえ」という数え年二歳の弟の舌のまわらない声が聞こえた。父は一生懸命、板をばりばりはいで、弟を引き出した。弟の顔は血で真っ赤にそまっていた。父は弟を抱いて、家ともどこともつかぬ所を、はうように歩いた。二階へ上がる階段の所まで来たが、階段は影も形もなくなっていた。すでに火は近くまで迫ってきていた。母はガラスの破片が体中に刺さっていて、血だるまのようになっていた。吹き飛ばされる時に、ガラスの戸や窓を突き破っていたのだ。

地獄のような様相の中、早志たちは比治山の方へ逃げた。父はすぐには逃げないで何人かの人を助け出していた。やっと比治山の防空壕にたどりついたのだが、父は再び下の方へ降りていった。まもなくバケツに水を入れ、それにひしゃくをつけて上がってきた。山に登る途中でもう息もたえだえになって「水をくれ、水をくれ」とうめいている人々に、一口ずつ水をあげながら登ってきたのだ。

夏の暑さの中、熱線、爆風で舞い上がり、真っ赤になったトタンが上から降ってきた。ゴーゴーという火の音がする中で、身内の名前を呼ぶ大きな声や、「おかあちゃ〜ん、おとうちゃ〜ん」という声が、まわりに渦巻いていた。

そして比治山の参道の両側には、みる間に死体の山ができていった。中にはまだ息のある人もいたのに「どうせもう死ぬんだから」と、どんどんどんどん積み上げていた。そして火をつけたのだが、油もないのでなかなか燃えなかった。じゅうじゅう、じゅうじゅう、体から油が垂れてくる。その臭いは経験したことのないものだった。

早志は火の中を裸で逃げていったはずなのに、熱いとも何とも感じなくなっていた。死体を踏んで歩かねばならなかったので、ズルっと皮がむける感じがした……。

——もうその頃には、全ての感覚が麻痺してしまって、熱さも怖さも感じなくなっていた。

防空壕の中は、すでに死んだ人、焼けただれた人、ケガの人でいっぱいで入れなかった。中は真っ暗で、暑さと死体や血や膿のにおい、うめき声が充満していた。夕方になり、上空を飛んでいたB29もいなくなった頃、早志たちはまだ焼けていない比治山の裏側へ下りて、牛田《うした》の方へと逃げていった。家も食べ物も着る物も、何もない。早志たちは土手で野宿した。逃げる途中で、菓子工場で燃えたカンパンを拾い、線路に倒れた貨車から焼けながら流れ落ちる米を拾った。後は草や昆虫も食べた。

牛田に着いて何ヶ月かの野宿の後、父は焼け跡から拾ってきた板や焼けトタンで囲っただけの掘っ立て小屋を作った。

ここから数ヶ月間のことを、早志はまったく覚えていない。今から考えると原爆症で、早志は寝たきりになってしまったのだ。吐くものもないのに、吐き気が止まらず、血を吐いた。食べる物があっても食べられる状態ではなかった。何ヶ月もその状態が続いた。早志はこのまま死ぬのだ、と思っていた。また、周りもそう思っていた。終戦を迎えたものの、それどころではなかった。だが、母は早志に草を煎じたものを飲ませてくれた。とても飲めたような代物ではなかったが、効果があったのか、それとも母の懸命の愛が奇跡を呼んだのか、早志は起き上がるまでに回復していった。

小学三年生であった早志は、残り三年の小学校生活があったのだが、ほとんどその記憶がない。先生が男だったか女だったか、クラスメイトは誰だったのか、何も思い出せない。被爆後、数年間の記憶が早志からすっぽりと抜け落ちていた。

## 『原爆の子』

原爆による惨禍をのがれ、今まで通りの暮らしをしている広島市街地の北辺、牛田へ命からがら逃げ込んできた早志たちには、耐え難くつらい屈辱感を我慢しなければならない日々が待っていた。

それからの生活は悲惨なものだった。原爆が落ちるまでは、父が事業をしていたため早志の家は裕福だった。それが、周りの人からの扱いや、早志をみる目というものが、手の平を返したように変わった。学校でも、先生や同級生から差別的な扱いを受けたという。学芸会、音楽会、修学旅行も参加した記憶がない。同級生の多くは、小学三年生から義務づけられていた集団疎開で、被爆はしていなかった。早志はもともと体が弱く、集団疎開にも行けなかったのだ。

早志の心はこの世の不条理に納得できず、心を閉ざして、暗く無口で卑屈な数年間をおくった。この屈辱的な思いが、早志の小学校後半の記憶を消し去ったのだろうか。

やっと家と呼べるものに住んだのは、実に被爆後五年たった昭和二五年であった。

この早志の気持ちを大きく変えたのが、被爆体験集『原爆の子』であった。早志が幟町《のぼり》中学の二年生の時、国語の宿題で嫌々、被爆当時のことを書いた。思い出すのは辛くて、書くのにずいぶん時間がかかった。直接被爆しているのは、クラスに二人しかいなかった。

この体験集は、広島大学の教育学者長田新《おさだあらた》が、平和教育の資料とするため集めたものだった。広島市内外の小・中・高・大学から、千人を超える作文が集まったが、その中から一〇五編が選ばれ一九五一年一〇月に岩波書店から刊行された。占領軍によるプレスコードのもとで、原爆被害の実態はまだあまり知られていなかった。そして、子どもだったからこそ書ける何のてらいもない率直な思いは、読むものの胸を打った。『原爆の子』は、日本国内や全世界で大きな反響を呼んだ。現在にいたるまで、五〇版を重ねるロングセラーとなり、一八ヶ国語にも翻訳されている。

翌一九五二年二月、早志たちは広島大学文学部の二二号教室に集まった。そこで長田教授から、一人ずつサインの入った真新しい本を手渡された。サインには「幼き神の子の声を聞け」とあった。そして子どもたちに向かっては、「強く生きよ」と長田教授は励ました。

中学三年生になっていた早志は、「ああ、書いてよかったんだな」と思った。この頃から再び学校でも、本来の自分らしさを取り戻していった。

また同じ頃、国民体育大会が広島で開催された。その開会式で、早志は選ばれて、スケーターズワルツを踊る輪の中にいた。それもメインポールという最も踊りの中心となる位置であった。「踊りながら手に持った紅白のリボンがクロスして編まれていく〜。ハッキリとその映像は目に焼きついている」と後年、早志は語った。

# ＡＢＣＣ

難関であった基町《もとまち》高校に合格した早志は、楽しい高校生活を送っていた。だがその後、生涯のトラウマとなっていくできごとが起こる。

被爆のあの日、早志たちが逃げまどった比治山の山頂には、戦後すぐにＡＢＣＣができていた。Atomic Bomb Casualty Commission ――原爆傷害調査委員会である。広島市への原爆投下の直後に、アメリカが設置した機関である。毎年、被爆者の調査をしていた。ガラス張りのかまぼこ型の建物であった。早志も何年間か無理矢理連れていかれたが、高校生になった時、どうしても我慢ができなくなった。

それは、碁盤目を張りめぐらした壁の前に、全裸に近い格好で立つ検査だった。わずかに恥部を隠す小さな布きれを褌《ふんどし》のように着けていた。アメリカの大きな男たちに囲まれて、右をむいたり左をむいたりして写真を撮られた。

血もいっぱい抜かれ、貧血で倒れたこともあった。まるでモルモットの扱いだった。ある年から、その小さな布さえ取るようにいわれ、全裸で検査された。後でわかったのは、成長期の女子の肉体的、生理的変化を記録に残すためだったという。

九歳で被爆した早志は、思春期の被爆者の体の変化をみるのに、格好の被験者であったのだろう。ＡＢＣＣでは治療は一切せず、ただ被爆の影響を調査するだけだった。彼らにはとうてい人の心があるとは思えなかった。

思春期を迎えた早志は、唇をぐっと噛み締め「泣くまい。下も向くまい」と懸命に耐えた。屈辱感、恐怖心、羞恥心を必死にこらえ、感情をころし歯を食いしばって耐えた。家に帰り、こらえきれずに母にしがみついて大泣きした時、食いしばっていた下唇から血がにじんだ。母は「戦争に負けたからねえ、ゴメンね」と一言だけつぶやいた。さらに早志は、ＡＢＣＣの要請を断ると、両親が軍法会議にかけられるという噂も耳にしていた。

――戦争に負けるとは、こういうことなのか、と早志は絶望的な気持ちになった。

後年、早志は一枚の写真をみてはっとした。それは有名な長崎の「焼き場に立つ少年」である。すでに亡くなっている幼い弟をおんぶひもで背負った少年が、焼き場の順番を待っている写真だ。両手の指先はピーンと伸ばされ、毅然として立っている。

早志はその拡大写真をみて、唇の端に、血がにじんでいるのに気がついた。その時、ＡＢＣＣで自分の唇にも血がにじんできた時のことが、まざまざとよみがえってきた。少年の気持ちは、痛いほど早志にはわかった。

その後、ＡＢＣＣがジープで迎えにきても、早志は校舎の中を逃げ回り、二度と検査には行かないと決めた。

## 就職

早志は、歌やダンス、演劇などが好きな生徒だった。その性格をよく知っている高校の先生のすすめで、早志はバスガイドの試験を受けて見事合格した。バスガイドは、当時の花形の職業であった。

バスガイドの仕事は明るい早志に合っていて、張り切って仕事をする毎日が始まった。ただ、市内観光定期バスに乗車する時は、広島市内を二時間ぐらいでまわるのがコースだった。戦後十年しかたっていない、市内を一望できる比治山の上から、「あそこが原爆ドーム、あそこが福屋」と、わずかに残った建物の説明をするのだが、その足元の比治山は、早志が被爆した当時、炎熱の生き地獄の中を命からがら逃げてきた山であった。そしてあの筆舌に尽くしがたい光景は、熱さや臭いとともにまだ五感に焼きついていた。

まだ市内には観光する所もなく、どうしても平和公園に行くのがメインとなる。早志は修学旅行生を連れながら、平和公園に入る。その入り口のあたりから「原爆許すまじ」を歌うというのが、決められていた。

ふるさとの街焼かれ
身寄りの骨埋めし焼け土に
今は白い花咲き
ああ許すまじ原爆を
三たび許すまじ原爆を
われらの街に

その歌詞は早志にとっては、あまりにも自分の体験そのものでリアルであった。二小節ぐらい歌うのが精いっぱいで、後は胸がつまって、どうしても歌えなくなった。

冷静にバスガイドとしての役目を果たさなければと思って、客観的に冷静に歌おうとするのだが、だめだった。やはり、どうしても自分の体験として歌ってしまう。

バスガイドは自分に合っていたし、とても楽しい仕事だった。だが「原爆許すまじ」を歌うのが辛いことに加え、まだ復興には程遠い焼け跡の説明が、精神的に非常な苦痛となっていった。そして「もう、無理だなあ」と思うようになって、二年あまりで不本意ながら辞めることとなった。

## 結婚・出産

早志は二五歳の時に、高校の先輩だった人と結婚をした。その人の親からは、被爆者ということで猛反対されていた、ということを後に聞かされた。

すぐに子どもを妊娠したが、悪性の貧血で毎日鉄分の注射をしに医者へ通った。医者には「絶対に染色体に異常があるので、まともには産めないだろう」とまでいわれた。それは、原爆による放射線の影響だとはっきりいわれた。しかし早志は、医者のいうことは覚悟の上で「一度、原爆で死んだ自分に恵まれた命だから、頑張って産みます」といい切った。

その出産がまた大変だった。「微弱陣痛」「妊娠中毒症」で五日五晩苦しみ続けた。母が早志をさすり続けてくれた。そのせいで、手の皮がむけ、血があちこちからにじんでいたという。

生きるか死ぬか、命をかけて早志は長女を産んだ。産んだ瞬間、男か女かというよりも、「指が全部ありますか？」と早志は聞いていた。「うん、健全ですよ」の声を聞いたあと、早志は安心して、スーっと気を失ってしまった。

結婚にも反対していた義母は、初孫であるにもかかわらず、一年ぐらい会いにも来てくれなかった。しかし早志は頑張って育児をしよう、と意気込んでいた。だが医者は再びこういった。「言いにくいんですが、この子には心臓に異常があります。激しい運動はさせないように」。長女は走ることを禁止され、幼稚園に入っても運動会に出ることができなかった。「被爆二世だからだろうか」と早志は悩んだ。

年月は流れ、長女の山田文子さんは、三人の子どものお母さんになった。そして早志の活動を公私共に支えてくれている。文子さんが産まれて四年後には、長男も授かった。その長男は、子どもの頃からの夢であった獣医として活躍をしている。

原爆の子たち

手記を寄せた子どもたちや支援者は、長田教授を中心に「原爆の子友の会」を作った。そして、映画「原爆の子」、演劇「原爆の子」、映画「ひろしま」などの活動に協力した。映画のための、ガラクタやボロ布、焼け瓦なども集めた。そして時には、エキストラとして出演した。映画「ひろしま」では、早志の姿が大きく映像にうつっている。岡田英次が教師役を務める教室のシーンで、白血病の女性徒が倒れるが、その斜め後ろに座っているのが早志だ。

教師役の月丘夢路と生徒たちが、川の中で折り重なって溺れ、もがき苦しむシーンにも早志は出ている。お化けのような姿で、ぞろぞろ行列で歩くシーンにも、早志や他の子どもたちが出ている。俳優、市民、子どもたち、みんな鬼気迫る演技だった。時には、当時を思い出し、泣きながら演じたこともあった。

だがそれぞれの子どもたちは、その後大学に行ったり就職したりして、だんだんバラバラになっていった。「原爆の子友の会」は自然消滅した。

早志たちが長田教授から『原爆の子』を手渡されてから、二〇年の月日が流れた。

二〇年目の一九七二年（昭和四七年）、NHKは八月六日の原爆の日にあわせて、特集「再会～『原爆の子』の二七年」を企画、制作した。

ナレーションはこう語る。「当時の子どもたちは、すでに一家を支え、子どもを育てているはずである」――それぞれの人たちには、さまざまな人生があった。一〇五人の消息は、果たしてつかめるのだろうか。何人かの人はすでに亡くなっていた。

そして苦労の結果、五〇人の消息がわかり、長田新から『原爆の子』を受け取った懐かしい広島大学の二二号教室に集まったのである。

五〇人は懐かしさでいっぱいだった。そして、自分の身内にも話したことがないような話が、一人の口から知らず知らず出てきた。それをきっかけに我も我もと、堰を切ったように話しだした。同じ痛みを持つ仲間だから、ほっとできる安心感があったのだ。みんな生き生きとしてきた。

こうして、近況を語りあう懇親会が生まれた。後に、早志はその会長となった。広島に原爆が投下された後、七五年は草木も生えないといわれていた。だが夾竹桃《きょうちくとう》の花がいち早く蘇り、広島市民に勇気を与えた。会の名前は満場一致で「原爆の子きょう竹会」とした。二〇年の間、色々なことがあった。一九六二年のソ連の核実験をめぐり、原爆に反対する運動は二つに分裂していた。被爆者の団体も二つにわかれた。早志たちはその対立に翻弄されてきた。

そこで早志は「きょう竹会」を、純粋に『原爆の子』を書いた人に限った。そしてあくまでも懇親会として、大上段に平和運動を振りかざすようなことはしないで、政治も宗教も関係なしで、「きょう竹会」を続けることを決めた。

## 母の死と早志の発病

早志は年に一回ほどの「きょう竹会」の会合以外では、被爆の話をすることはあえて避けてきた。周りには「語り部」として活動する人も多かった。しかし、早志は四五歳の頃から、健康体操の指導者の道を選んだ。

早志の母は、被爆から二〇年以上もたってから原爆症（甲状腺がん）になった。そして全身に転移しながらも、七回の大手術に耐え、決して弱音をはかず長い苦しい闘病生活を送っていた。

だがとうとう力尽き一九八六年（昭和六一年）、最期の時を迎えることになる。早志は五〇歳になっていた。

早志の母は気丈だった。そして最期までおしゃれ心を失わなかった。容態が急変し、救急車を呼んだ。その時、ほとんど意識のない母は、目をつぶったまま鏡台の方へ這っていった。鏡台には自分がいつも使っている眉墨が入っていた。コルクの芯を炭で焼いたものだ。古くなった筆をキューっと糸で縛ったものであった。無意識のまま、自分の眉を描こうとしていた。

その時期、早志は自分の右胸にパチンコ玉ぐらいの固いグリグリがあるのに気がついていた。だが自分のことよりも、母のことで頭がいっぱいだった。早志は最期まで懸命に看病した。

そして一一月に母は亡くなった。「私の人生の中で、これほど悲しかったことはなかった」と早志は語る。一ヶ月ほどは色々と忙しく、一二月に入って病院へ行き、やはり「乳がん」と宣告された。年末に右乳房と脇のリンパ全摘の手術を受けた。早志は術後すぐにストレッチをはじめた。そして二週間後の退院時には、左右の腕がまったく変わりなく動くようになっていた。体操の指導者として、早く現場に戻りたい一心と、常に前向きな早志の性格のなせるわざといえるかもしれない。

だが今でも、右の上腕部はしびれ、まったく感覚がなく、浮腫、鈍痛、震えなどの症状がある。また仕事上、体にフィットしたウェアを着るので、困ることも悔しいこともあるという。しかしそれを他人には決して悟られないぐらい、自分でも忘れていたという。

「周りの人も、気にしてくれません。その方が、私はうれしいのです」と、早志は爽やかに笑う。

だがその一年後、突然の心臓発作で今度は早志が救急車で運ばれた。心筋症であった。半日、意識不明が続いた。この時はさすがの早志も、「死」を意識した。そしてどうしても、「被爆」の影響を考えないわけにはいかなかった。近距離で被爆したということ。突然、白血病でバタンと倒れ、あっけなく亡くなったりということを、見たり聞いたりしてきた。「これが原爆というものの怖さだ」と、早志は思い知った。

そしてなんとか乳がんと心筋症——この二つの病を乗り越えた時に、早志はこう強く思った。

「原爆でかろうじて生き残った命。自分に素直に、納得いく生き方をしよう。一日一日を悔いのないように」

## 『「原爆の子」その後』

あの日から半世紀以上がたった。「原爆の子きょう竹会」では、年に一回程度集まって近況を語り合い親睦を深めてきた。被爆体験という共通の痛みを持つ会員にとっては、この会は深い絆で結ばれた、心のよりどころとなってきた。

『原爆の子』執筆者たちも、高齢化が進み、会員の訃報を聞くことも多くなった。そこで会員の話し合いの中で、執筆者たちが原爆をどう生きてきたかを書き残しておいては、という意見がでた。それが原爆というもの、戦争の悲惨さ、愚かさを後世に伝えていくことになるのでは、というものだった。

手記を取りまとめる役は、早志が担った。連絡がとれた人に「手記を書いてほしい」という手紙を書いた。だが「よくそんなむごいことを頼んでくるね」ともいわれた。返信の葉書には、次のようなものもあった。

私も手記を書く気になって頑張ったのですが、どうしても筆が進まず、不本意ながら断念いたしました。別に名文を書こうとする訳でもありませんのに、何度トライしてみても駄目ですので、本当にごめんなさい。

私の今の心境では、どうしても書くことができません。今から過去をさかのぼってあれこれ思い掘り起こし書くことは、現在ではできません。毎年七月頃より原爆ノイローゼのような状態になり、やっとここ二、三年なおって元気になっていたところです。また、ゆううつです。

それから一〇年をかけて、会員の心境も徐々に変わり、早志のもとに手記が少しずつ集まってきた。マスコミなどが手記を依頼しても、絶対に集まらなかっただろう。同じ被爆者であり、「きょう竹会」を続けてきた早志だからこそ信頼して、書いてくれた手記だった。だが、今度は早志が自宅に届く手記の封を切れなくなってしまった。「何回も何回ももう駄目です、と言いながら書き始めた」手記――それをみるのは、早志もつらかった。その気持ちがわかるだけに、読むことができなくなってしまった。心身を病んで寝込む日々が続いた。

娘の山田文子さんが、代わりに手記を読み、パソコンに入力していってくれた。文子さん自身、パソコンに向かいながら涙が出て止まらなくなることが何度もあったという。

そして一九九九年（平成一一年）、『「原爆の子」その後——「原爆の子」の執筆者の半世紀』が出版された。そこには、六三歳となった早志を含む、三七人の手記が収められている。

この本は、長田教授が編集した『原爆の子』と同じく、年齢順に手記をならべた。一番最初にきたのは、被爆当時四歳であった佐藤朋之さんだ。だが、佐藤さんは一九八〇年（昭和五五年）、三九歳の時に自殺をしていた。手記を寄せたのは、娘さんだった。


なくなる前、父はいろいろの病に、原爆症と呼ばれるものに悩んでいました。

慢性頭痛、狭心症、糖尿病など一度にいろいろの病名を診断されていました。

そして、原爆手帳の申請をしていたのです。しかし、こちら（滋賀県）では、広島と違い、父の痛切な願いも届かず、手続きはうまく進みませんでした。

父はもう、心もからだも疲れきっていました。娘の私が見ていても、日に日に、影

がうすれていくようでした。（中略）
さぞかし、くやしい思いであったろう。原爆さえなかったら……。
幸せな人生を歩みたかったろう……と思えるのです。

早志も文子さんも、どんな思いでこの文章をまとめたのだろうか。

この本は非売品であった。だがマスメディアなどでこの本の存在を知った人から、「読んでみたい」「どうしたら手に入るのか」という問い合わせがあいついだ。また広島市からも「中学校の図書館におきましょう」という提案があり、寄贈した。そして一年もたたないうちに、すべて本はなくなってしまった。二〇一四年改めて、長田教授の長男である長田五郎氏の紹介で、東京の「本の泉社」から『「原爆の子」その後』改訂版として再出版されている。

## 音楽喫茶「ムシカ」で

広島大学の二二一号教室で、長田教授から手渡された『原爆の子』――早志の人生はここが大きな節目になった。だが彼女は、自分の手記が収まっている『原爆の子』を開くことはなかった。

「家の中に本があるのは、ずっとわかっていたし、心の中でその存在を忘れることはなかった。でも、出して見たことはなかった。手に触れることすら怖い。開くとそこに帰ってしまう。その中にどっぷり自分が帰ってしまう。思い出すというような生やさしい感情ではなくって、本を読んだら、被爆当時のその時に帰ってしまう――とてもじゃないけど、本を開くとか、読むとか、ずっとできなかった」と早志は語った。

被爆当時のことを、早志は忘れることはなかった。特に夏が近づくと、グーっと堪えてきた。忘れることはできないが、できれば忘れたいと思った。

「どうにかして、心の奥の方に閉じこめて、そこにフタをしておきたい、と。できればフタをしたまま、死んでいきたい」と、早志はラジオのインタビューで語っていた。

だが二〇一四年、一人の人物が早志を訪ねてくる。映画「ひろしま」の助監督であった小林大平氏の息子の小林一平さんだ。彼は戦後七〇年を迎えようとする今、再び映画「ひろしま」を全国で上映しようとプロデュースしていた。

小林さんはこの試みを「奇跡への情熱プロジェクト」と名付けていた。そしてその一環として、広島市での上映のおりに、中心街の老舗音楽喫茶「ムシカ」でのコンサートを企画した。その中で、早志に『原爆の子』を朗読してほしい、というのだ。

早志は頑として断った。

だが、早志は内心では迷っていた――その時、早志を密着取材していたNHKの記者がそばにいた。「きょう竹会」の会長は、格好の取材対象であったのだろう。そしてNHKの記者は、早志が『原爆の子』を取り出してきて、開くというところを「絵」として撮りたい、というのだ。

「NHKは、慇懃無礼というか、だけど強引……。相手が嫌がってても『どうしても、これを撮りたい』と迫ってきた」と早志は振り返る。

遂に、断りきれず早志は『原爆の子』を再び手にした。「ムシカ」での早志の手は、震えていた。そして映像はNHKで、「語り始めた『原爆の子』」として放送された。

早志はこう語った。

「ここ何十年も夏が近づくと、たくさんの取材を受けます。正直言って、そのたびに、怒り、失望、その慇懃無礼な取材に振り回され、心身ともに疲れはててしまいます。しかし、今では、そんなものなんだと割り切ろうと思うようになりました」

「でも今回、始めて六九年前の被爆体験がまとめられた『原爆の子』の中の自分の手記を、人前で意を決して朗読したことは、今後『伝えていく』という自分の活動の方向性を示唆してくれたキッカケになったたし、良かったと思いたいです」

## 伝えていく

早志はいわゆる「語り部」ではない。被爆の記憶にはフタをしたまま、死んでいきたいと思っていた。だが、二〇一四年の「ムシカ」での体験は、早志を変えた。

中学二年の時、宿題で被爆体験を書いた幟町中学――その母校ではじめて、早志は自分の体験を語った。多くの中学生の目が、早志をまっすぐにみつめてきた。

頭ではなく皮膚感覚というか、心で、感じとってもらえた実感が確かにあった。

「これは伝えていかなくては」と早志は思った。今まで、拒否し続けてきたが、早志はようやく吹っ切れた気がした。

「ここまで来るのに、六九年が必要だったんだな、と思います。やっと、ここへ辿り着いた」と早志は語る。健康体操で鍛えてきた早志も七八歳になっていた。

「被爆者の人数もドンドン減ってきています。人前で話したり、読んだりということができなくなる時が、遠からず来るという歳になりました」

「世の中も、戦争の悲惨さとか、原爆のこととか、過去のこととして忘れようとしている空気を、ここ数年感じています」

早志は年に数回は、体験を話すようになった。卒業した基町高校でも話をした。だが講堂に全校生が集まり、演台には「基町高校六回生　早志百合子先生」と大書された垂れ幕には、早志はなじめなかった。「そんなん、すごく嫌で〜」と早志はいった。もっと小さな会場で、車座になって、「こうだったんよ〜」「ああだったんよ〜」と半日ぐらいかけて、じっくり語り合いたいという。時間の限られた講演の形では、消化不良となり、心残りのものとなった。

二〇一八年八月五日、「ヒロシマ　レクイエム」という催しがあった。歌手の新屋《にいや》まりと早志とのこの催しは、二回目だった。昨年は三〇分であったので、早志は充分には語ることができなかった。今年は一時間の予定である。

早志ははじめて、基町高校の創造表現コースの生徒が描いた「原爆の絵」を使って話をした。この絵の取り組みは、二〇〇七年からはじめられた。生徒と被爆された方との共同制作で一年をかけて描き上げていく。これを何年も続けて、現在一二六点の絵が完成している。

早志がみんなにみせたのは、白いシャツが体に燃え残り、茫然と立つ男性の絵だ。今までは、「比治山」でのことは話すことができなかった。だが、「絵」を使うことで、少しでも私たちに、あの日の「比治山」を伝えようとした。そして、今まで語ってはこなかった、お母さんの話や、予科練を志願し特攻に行くことになっていたお兄さんの話も聞くことができた。この日、私は最前列で彼女の話を聞いた。

翌日の八月六日、私はJR可部《かべ》線の緑井駅前のフジグランという商業施設にいた。早志に会って話を聞く予定だった。驚いたことに、早志は次の日――八月七日から広島市民病院に手術のため入院するというのだ。取材を申し込んだ私にも、昨日の催しの関係者にも報せてはいなかった、という。

新たに膀胱にがんが見つかったという。恐縮する私を気遣いながら、明るく今までの話を語った。そして二人でおいしいピザを分けながら、二時間以上も話がはずんだ。早志の指先の、鮮やかなピンクのネイルが印象的だった。

「これも明日から入院だから、とらなければいけないのですよ」

爽やかな笑顔を残して、早志は向かいのビルのネイルサロンへと消えていった。

九月九日。私は早志のフェイスブックをみて驚いた。

「NPO法人　ステップ21中国地区のつどい」の健康体操に早志がレオタード姿で参加しているのだ。場所は広島県立総合体育館。全国大会で演じるデモンストレーションダンスの、フォーメーションや移動を確認している。そして黒のウェアに黄色の手具を持った早志が、さっとポーズを決める。多くのインストラクターの中でも、最高齢である早志の姿勢の美しさが際立っている。さすがカッコイイ！

二〇〇一年から活動をはじめた「ステップ21」——四〇〇〇人の会員を率いる全国組織の代表でもある。早志のモットー「明るく！　楽しく！　前向きに！」が、私の心にも強く響いてきた。

## 対立を越えて

被爆者の団体は、日本原水爆被害者団体協議会（被団協）という。広島・長崎で被害を受けた被爆者によって、都道府県ごとに結成された団体が加盟する、唯一の全国組織である。だが、原水禁運動が、一九六二年のソ連の核実験への考え方の違いなどによって分裂した影響を受け、被団協も二つに分裂した。一九六四年のことである。広島にはまったく同じ名前の団体が二つあるが、それぞれ理事長の名前をつけて区別しているという。

「おかしいでしょ」と早志は語った。

「同じ被団協でありながら、広島では二つに分かれてる。新聞などにコメントが出たら、必ず『もうひとつの被団協』――『もうひとつの』が必ずつく。見る方も、みんな当たり前になってきている。私の中では、すっごい違和感があるんですよ」

広島県内には、七つの被爆者団体があるという。細かくいえば、もっとあるらしい。その中での、分裂した二つの被団協の存在は大きい。

オバマ大統領と握手した坪井直理事長の被団協と、もうひとつの被団協が同席すると、やはりバチバチと火花が飛ぶという。だから、同席しないように、マスコミなども配慮しているのでは、と早志はいう。

これは、こうの史代も感じた「原爆を独占しようとする争い」ではないだろうか。

「目的は同じでしょ。山に登る時に、頂点への思いはみんな一緒でしょ。登り方には色々あるけれど……。まとまったら、もっと大きな力になるのに……」

これは、広島の人たちみんなの思いなのかもしれない。

二〇一九年一月、再度の早志への取材を終え、大阪に戻ろうとしている私に一通のメールが、早志から届いた。

「中国新聞によると、昨日元安橋で、県被団協と、もうひとつの県被団協が署名活動に一緒に参加！」

メールの最後のびっくりマークは、赤く強調されていた。

被爆者七団体による「ヒバクシャ国際署名」共同行動が、元安橋で一月一八日、おこなわれた。五〇人が参加し、三一一人分の署名が寄せられた。核兵器禁止条約の早期発効などを訴えた。外国人観光客と修学旅行生がとても多かった中で、外国人に「for NO Nuclear Weapons」と署名を呼びかけると、「Oh Nice」と署名に応じていた。この活動は、広島にあるすべてのテレビ・新聞が取材した。(原水協通信)

未来は明るいのではないかと、私はうれしくなった。

## 映画『この世界の片隅に』

早志はこの映画を観ている。彼女はこう感想を語る。

「残酷なシーンや声高に叫ぶこともなく、淡い色彩、主人公すずののんびり間のびしたような喋り方に、随分救われた感じがします。『普通の暮らし』『当たり前の日常』がいかに大切なことであるか。辛うじて生き残った者の悲劇は今も続いているのです。――映画が終わっても、満席の観客は誰一人席を立たなかった」

『普通の暮らし』について、早志は二〇一四年に収録された「証言で知るヒロシマ・ナガサキ」でも、その大切さを強調している。

「本当に身の丈にあった『普通の暮らし』――これが幸せだと、みんながそうであってほしい。世界中がね……。だから身の丈に合わない、欲とエゴばっかりでね、生きてるとやっぱり人の物も欲しくなったりして、そこに争いが起きてその争いが大きくなったのが戦争です。一日一日を生きていることをありがたいと思って、暮らしていけたら……。そこから一歩ずつ登ればいいわけです」

またこうのの映画について、早志はこうもいった。
「この映画のように、間接的に、抒情的に——でも、その底に流れている悲惨さとかむごさとかは、充分に伝わるものなんですよね。『想像力』というものは、そういうものじゃないかな。言葉の端々とか、ちょっとしたしぐさの、まばたき一つにしても、感じる人は感じるんですよ。そういう方が、よりたくさんの人に伝わると思う。だから私は、この映画が好きなんだと思う」

早志は、こうのの映画を入り口にして、多くの人がより深く知りたいと思ってくれて、本を読んだり被爆者の話を聴いたりしてくれればいい、と語った。事実、最近は若い人も含めて「戦争の話」を聴きたいという人が増えてきている、とヒシヒシと感じるという。
だからね、今しかないな、と思うんです。双方の思いがね、出会って、潮が満ちたというか、「今しかない」と感じているんです。——と声を強めた。

早志はこの夏、八二歳の誕生日を迎えた。多くの人が誕生日を祝った。

『普通の暮らし』を描いたこうの史代——二〇一九年には、新場面を追加した『この世界の（さらにいくつもの）片隅に』が劇場公開されるという。

多くの若者が、『普通の暮らし』の大切さに気づき、『平和』を求める大きなうねりが、今、起ころうとしているのかもしれない。

第五章

# 保田麻友

――語り継ぐ未来

## 広島で生まれて

平成最後の年、二〇一九年一月の中旬、私は平和資料館を訪れた。一階にある喫茶店アオギリに入った。ガラス張りの店内からみえる樹々がやさしい。何人かの外国の方が、コーヒーを手に語りあっている。

そこに涼やかな目をした女性がやって来た。「保田麻友《やすだまゆ》さんだ！」——手短に挨拶をした後、二人で階段を降りて地下一階のホール控え室に行く。隣のホールでは、今日も伝承者の方の講話がおこなわれていた。

保田は一九八五年三月一六日、広島市南区で生まれた。祖父母は被爆者である。兄が二人いる活発な子どもだった。小学校の時も、まっさきに「学級委員をやりたい」と手を挙げた。

小学校時代、この平和公園で青空の下、被爆体験を生徒全員で聞いたという。また、学校の教室でも、原爆の映画を観た記憶がある。「そういう時にチラホラ、同級生が観れないで、外へ出ていく姿が印象的だった」と、保田は語る。

中学・高校は、こうのと同じく広島大学附属中・高等学校に通った。中学・高校を通して、生徒会をやり、保田は生徒会長であった。この時期は、進学校だったせいもあり、「平和とか戦争とか、全然関心なくって……」と、保田は振り返る。

ただ、記憶にはっきりと残っているできごとがある。

中学校の生徒会で取り組んだ「平和公園でみんなで絵を描こう」という活動だった。でっかい模造紙に描いた子どもたちの絵が、本通りに連張りされるのだ。しかもこの時、世界各国から来た同世代の子どもたちと交流したのだ。保田は、アメリカから来た日系の女の子と出会った。そして電子手帳の力も借りながら、必死でその子に説明をした。だが、「なんか伝えきれていない……」という思いが残った。それでその子がアメリカに帰った後も、自分なりに原爆のことを調べて、エアメールで送った。その子とは、今でもSNSでつながっている。

保田は本当は、舞台女優になりたかったという。だが中学にも高校にも、演劇部はなかった。高校から大学を受験する時に、「芸大を受けたい」といって両親に反対された。実際に芸大を受験してみたが、まわりは何浪もしても受からない人や、海外ですでに演劇の勉強をしてきた人たちばかりだった。夢見ごこちの保田だったが、現実を知って「これは、ダメだ」と思ったという。結局、保田は地元の私立大学に入った。

「大学では結構、病んでたんですよ……」と、保田は語った。

「みんなまわりは有名な国立大学や私立大学ばっかりで、私はフラフラしてたんで地元の私大に行って……。夢もなくなったというところで、気落ちしてたんです」「親からももう、あきれられて……」

そんな時に一番上の兄が、こういってくれた。

「どこに入ったかじゃなくて、何をしたかだ」

保田は、この言葉にジーンときた。そして「私もこの大学で、何かを見つけれたらいいな」と思った。そしてその大学には、演劇部があった。ようやく、やりたかった演劇の日々を、保田はおくることができた。

## 八月六日

転機は突然訪れた。演劇部の先輩が保田に「とうろう流しに、行ってみん?」といったのだ。その日は、八月六日の当日であったという。保田は、「私、行きたいと思ってたんです」と答えていた。

それまで保田は、八月六日の平和公園に行ったことも、とうろう流しをみたこともなかった。行ってみると、ものすごい数のボランティアがいた。そして川面を漂う、無数のとうろうを目の当たりにした。流れてきたピースコンサートの音楽も、胸にしみた。

〈こんなにも多くの人が、八月六日のことを一生懸命に考えているのか〉と、保田は心を揺さぶられた。

保田の心は決まった。〈私も、ボランティアに参加したい!〉

そこからの保田の行動は素早かった。ネットで調べて、自ら電話をしてみた。

「会議、やりよるけ、おいでよ!」といってくれたのが、『とうろう流しを支える市民』だった。

このボランティア団体の代表はAさんだった。被爆者でもなければ、広島出身でもなかった。だが、本通りや並木通りの商店街の人たちとの関係作りもうまかった。

とうろう流しの当日は、一万人ぐらいの人が集まる。その人たちを案内するボランティアだけで、毎年八〇人から一〇〇人を集める必要があった。そしてそのボランティアの人たちが、とうろうを元安川《もとやすがわ》に流したり、船から流す手伝いを、保田は実質仕切っていくようになった。

保田は他のボランティア団体にも、いくつか参加してみた。でも何か強制されるような感じの団体は、合わなかったという。「被爆者の方の思いが熱くて、若い人を手足にしか使わない、とか……」と、保田は語った。

『とうろう流しを支える市民』は、そうではなかった。「なんでも自由にやりんさい」というスタンスが、保田には合っていた。また、「抜けたくなったら、抜けてもいいよ」といわれたのも、居心地が良かった。

「代表のAさんが広島の人でも、被爆者でもないのに、平和とか戦争に関わっているじゃないですか。——それは、自分にも道があるということで、いい出会いでした」と保田は語った。

こうの史代が「原爆」を正面には出さないことで、被爆体験を持たない人も「原爆」について語れる道を拓いた。その「やわらかさ」が、この団体にはあったのではないだろうか。

## ピース・ポーター・プロジェクト

とうろう流しのボランティアの中で、「実は、とうろう流しに来られない人たちが、施設にいるんだよねえ……」という話が出た。被爆者の高齢化が進み、とうろう流しには参加できない人が多くいるのだ。

「そういうの、取りに行くボランティアとか、できたらいいですよねえ……」という意見が出た時、二〇歳の保田は手を挙げた。

「じゃ、私、代表やりま～す！」

Aさんたちも、「若い人が行く方が、いいじゃろ」といってくれた。

団体を立ち上げる時の、規約や事務手続きもAさんたちが手伝ってくれた。また、被爆者の方が通う施設への交渉にも、Aさんたちがついていってくれた。

「だから、ボランティア団体の立ち上げを、大学生の自分でもできたんです」と保田は語る。

二〇〇五年、被爆六〇年目を迎えた年に、ピース・ポーター・プロジェクト（ＰＰＰ）

は生まれた。直訳すると「平和を運ぶプロジェクト」だ。この年には、一三〇個の流したくても流せなかったとうろうを流灯した。

それから毎年、8月6日以前に舟入むつみ園、悠悠タウン江波などの施設を、ユースボランティアが訪問するようになった。そして被爆者の方と一緒に、とうろうに法名やメッセージを書き、8月6日に代理で流灯している。

ユースボランティアの募集も、施設との架け橋も、当日仕切ることとも、すべて代表の保田がおこなっている。

「最初は、とうろう預かりに行って帰るだけだったんですけど……」と保田は語った。ボランティアの高校生や大学生とともに、とうろうにメッセージを書いていると、被爆者の方が、自然と色々な話をしてくださるようになってきた、という。

「一対一で対話していると、被爆者の方も泣かれるし、聞いているボランティアスタッフも、涙が出ているんですよ」

ボランティアが終わった後に、保田は学生スタッフに感想を聞いてみた。

「今まで、自分は被爆体験を聞いたことがあると思っていたけど、一対一で聞いたのは初めてだった。より原爆や戦争というものを身近に感じた」という言葉が返ってきた。

被爆当時、約一四万人の方が亡くなったといわれている。が、そこには「一四万通りの人生があった」ということを、多くのボランティアが初めて実感としてわかったのだと、保田は思った。

ＰＰＰの活動は、一三年を超え今も続いている。二〇一八年七月二九日、ＰＰＰのサイトには、保田の手で次のように書かれていた。


多くのとうろうを預かりました。

呉で学徒動員をされていた方、たまたま自宅に帰ることが許されて広島駅に降り立った瞬間、原爆に遭いました。広島駅から宇品が見渡せた光景を見た方です。

そして一本の乗った列車が運命を分けたということ。

活動を始めて当時の体験を持つ方々が減る一方と思っていましたが、今年は九〇歳を超える方々が新しく施設に来られており、今までお会いしたことのない新しい方の話も聞けました。当時は二〇歳というかなり壮絶な記憶をお持ちの方々です。

広島にはまだまだ聞ける機会があります。

話すことを望まない方々から話しを聞くには、聞く側にも知識が必要です。

お話を聞きながら泣いていた中学生ボランティアさん、きっと心に何か残ることでしょう。

この時は、東京からボランティアに参加してくれた人もあった。一〇年以上続けているので、当時大学生だった人が県外に就職して、8月6日には戻ってきて活動に参加してくれるという。また、勤めている会社の会報誌で紹介してくれたり、学校の先生になって子どもたちに原爆のことを伝えてくれている人もいる。

そして、PPPのサイトには、このような言葉が記されている。

「僕達はヒロシマを語り継いでいく」

## 被爆体験伝承者

二〇一二年、二七歳になっていた保田は、市の広報で「伝承者養成」という記事をみつけた。この時、保田は勤めていた職場をちょうど辞めたところだった。広島市は、被爆者の高齢化がすすむ中、被爆体験証言者の体験や平和への思いを受け継ごうと、「被爆体験伝承者」の養成をはじめたのだった。応募資格には「意欲がある者」とあった。

ＰＰＰの活動を続ける中で、保田も悩んでいた。〈被爆者の悲痛な叫びや、平和への想いを、何かしらの方法で伝えていきたい〉と思いながら、その方法がわからなかったのだ。

保田はその一期生となった。研修は三年間だった。


「結構、ハードでしたね。転職したばかりで平日の休みも多かったので、厳しい日程の研修にも参加できました」と保田は振り返る。


一年目は、二三名の証言者のお話を聞いた。一人二時間あたりを、ただひたすら聞き続けた。その他にも、大学教授などの有識者の講義を全員で聞いて、原爆の実相を学んだ。

そして自分が誰の被爆体験を語り継いでいくかを決める。その後、証言者とのマッチングが無事終わると、二年目となる。一人対一〇人ぐらいのグループに分かれて、研修が始まる。月に二、三回、伝承者同士で連絡を取り合って、証言者の予定も合わせて、研修となる。その合間に、アナウンス研修もあった。

保田は新井俊一郎さんの体験を継ごうかな、と思った。

新井さんは、一九三一年（昭和六年）生まれ。原爆が投下される年、新井さんは広島高等師範学校附属中学校（現在の広島大学附属中学校）の一年生だった。

入学したばかりの中学一年生は、広島市内を東西に貫く幅一〇〇メートルの防火地帯を造る「建物疎開」作業に駆り出された。その数、およそ八千人。

七月二〇日、「こんな危険な作業を生徒たちにやらせる事はできない。我々は、働き手を戦争で失った農村に出勤し農作業の手伝いをする」との教官の英断により、附属中学の生徒は、賀茂郡原村に泊まり込みの農村動員に出た。

動員先の八本松駅で原爆の炸裂を目撃し、猿猴川《えんこうがわ》にかかる東大橋から入市して、母校の焼け跡に行き被爆した。広島大学を卒業した後、ラジオ中国（現在の中国放送）に入社。ドラマやドキュメンタリーの番組演出を担当した。

八月六日、「建物疎開」に従事していた生徒の頭上で原爆は炸裂し、六三〇〇人が即死した。彼らは新井さんの小学校時代を共に過ごした同級生であった。新井さんたちは生き残ってしまったことに負い目を感じ、友人の墓に花を手向けることもできず、遺族の前からも隠れるように生きてきたという。

十数年前、新井さんたちは当時の惨状を記録に残そうと、手記集を発行した。ある日、亡くなった友人の兄から連絡を受けた。「ずっと恨んできたが、生き残ったあなた達も苦しんで生きてきたことを、手記を読んで初めて知った。すまなかった」

その言葉に「許された」と感じ、新井さんは涙が止まらなかったという。このことがきっかけで、新井さんは証言活動を始めた。五〇歳を過ぎてから、原爆後遺症とみられるがんで、四回も手術を重ねた。現在も新たな副腎がんと闘っている。

保田は自分の母校である附属中学での原爆のことを聞いたのは、はじめてでありびっくりした。そして「母校の先輩でもある新井さんのことは、私が語り伝えよう」と、決心した。

二年目が終わる頃、「伝承講話内容」の原稿を書くようにいわれた。四五分間の講話には九〇〇〇文字の原稿が求められた。この頃から、伝承者同士でこんな会話が飛び交った。

「書いた〜？」「いや、書けない、書けない……」

一人の方の人生を、二年間かけて学んできたけれども、〈私が、語っていいのかな〉という迷いが出てくるのだ。保田はこういった。

「重かったんじゃないですかね。覚悟が決まらないというか……」

証言者の方の言葉を、そのままコピーしてはダメだ、と保田はいう。講話の前段と後段だけ自分の言葉で、後はパコッと証言者の言葉をはめてはダメだという。証言者の方の体験や感じたことを、自分自身の言葉に置き換えていく、という作業が難しいという。

新井さんも、保田の原稿を一言一句チェックしてくれ、こう指摘した。

「ここは自分の言葉になっていない」

「ここは、私はこういう言葉を使いません」

また新井さんは、新聞のインタビューでこう語っている。

「聞く方は、被爆者の思いが伝承者にどう刺さったのかを知りたいだろう」

「証言者のミニチュアになるのではなく、自分の言葉を紡いでほしい」

この厳しい過程をくぐり抜け、三回の講話のテストを受けて合格となる。一期生は最初一三〇人だったが、実際に伝承者となれたのは五〇人だった。保田はこの時、伝承者となった最年少であった。

新井さんはインタビューでこう語っている。

「本人の私が絶句するような原稿ができている。広島を伝えなきゃならん、今がラストチャンスという皆の思いが結実している」

――そして現在、保田は「伝承者」として講話をおこなっている。

「でも、被爆者の体験を知っているだけでは、対応できないんですよね。学生に向けて話していると『福島の原発問題をどう考えていますか』と、投げかけられたこともあります。被爆体験を伝えるだけでなく、伝承者としての意見を持たなければいけないんです」

## 未来へ向かって

伝承者同士の話の中で、保田は「覚悟」という言葉を使った。それは、どういう意味だろうか。

保田もPPPの活動を立ち上げて始めて、被爆者の方の話を一対一で聞いた。それまで聞いていた講話は、あまり覚えてはいなかった。だが一対一では、目の前の人の、涙、手の震え、声に込められた思い、が全身で自分に向かってきた。

〈こんなにも七〇年たっても、泣いて、怒って、忘れてない人がいるんだ〉

〈原爆っていっしょくたにしとったけど、目の前におる人の人生を変えたできごとだったんだ〉――これが保田自身にとって、原爆がリアルになった瞬間だった。

かつて保田はこういわれたことがある。

「リアルがないものは、伝わらない」

最初はその意味がわからなかったが、今ならわかる。PPPで出会った被爆者から伝わってきた感情。〈これは、私が感じた感情だから、これを伝えればいいんだ！〉

そしてPPPの活動の中で、被爆体験を語り始めた人たちと、それを受けて「感じる若い人たち」をみた時、保田は決心したのだった。

〈私は、この活動、ずっと続けていかなければならないな！〉――これが保田が「覚悟」を持った瞬間であった。


保田は今、新たな活動に取り組み始めている。

それは、参加体験型のワークショップだ。被爆体験を語り継ぐためには「自分にとってのリアル」が必要だと、保田はいう。

たとえ戦争を体験していなくとも、「自分にとってのリアル」があれば、想いは伝わると、保田は語る。そして「私は、講話だけでは意味が無いと思っている」とも続けた。講話は「受け身」だが、ワークショップは「参加」しないといけない。

「参加したら、忘れない。その人の人生に少しは残せると思う」と語る。保田は大学時代に主催した、ワークショップが忘れられなかった。そして、オーストラリアにも行った経験がある友人と、「アトリエ・ラボ」という組織を立ち上げようとしている。

海外からのスキルを使い、組み立てていく。様々な状況を設定して、「あなたならどうする？」と問いを投げかける。一回一回、その組み立てを真剣に考えていくのだ。

私は改めてもう一度、保田が立ち上げ、一三年間続けてきたＰＰＰについて聞いてみた。保田の答えは、こうだった。

ＰＰＰの中の人が、新たな活動に取り組んだら、『やりんさい、やりんさい』と言っていきたい。どんな活動でも、応援できる団体でありたいんです。

ＰＰＰは、参加してくれた人が、何かを感じて、そこからどう動いてくれるか。『人』を生み出すのが、目的。その人たちが動いてくれないと、あまり私は、存在意義がない。その人たちを応援する団体でありたいな、と思います。主体的な人間が増えなければ、変わらないんです。

この言葉を聞いた時、私は何か、こうの史代にも通じるような「やわらかさ」を感じた。「8月6日」の項でも触れたが、被爆の体験を核とする団体には、時として他を排してしまう硬さが生まれるのではないだろうか。

私は最後に、その「こうの史代」について聞いてみた。

こうのさん原作の漫画は、ほっこりぐあいがいいですね。

そして映画で観る方が、同世代には伝わりやすいので、ありがたいです。

戦争を伝えられるツールが、あちこちにできるのはありがたい。自分一人だけでは、伝えられるわけがないので。

こうのさんの映画はまた、素直に感動できるのがいいですね。嫌悪感を抱かせない。戦争の映画って、批判も多いんですよ。――こっちの立場から見たら、そうではない……とか。

そうじゃなくて、それぞれの人のこころに、それぞれの熱で届く……。

最後の言葉は、私の心にもしみてきた――「それぞれの人のこころに、それぞれの熱で届く」そうか、これがこうの史代の作品が二〇〇万人もの人の心に響いてきたヒミツなんだな。

そして保田もこういった。

広島県以外で講話する時には、あまり熱く語るとダメなんです。
そこには、そこの熱があるんです。
こころを動かすには、その人の温度に合わせて語らないといけない。
その人に合わせて、自分が変わらないといけないんです。

「平和とか、戦争反対を伝えていくやり方は、変わっていかなくてはいけない」とも語った。こうのにしても、保田にしても、誠実にそして柔軟にその方法を模索し続けているのではないだろうか。

一月の広島の空は、青かった。元安川のほとりで別れる時、「今から友人と、ワークショップの打ち合わせなんです」といって、保田は爽やかに去っていった。
私の心の中にも、一陣の風が吹いてきた。

# おわりに

こうのの『夕凪の街』の見返しにはこうある。

「広島のある日本のある　この世界を愛するすべての人へ」

私は、『この世界の片隅』を生きる五人の広島の女《ひと》たちをみてきた。

五人はそれぞれ、原爆に向かい合ってきた。そして大田の感受性と共鳴したこうのは、山代も見た「真の栄誉をかくし持つ日常」を彼女のやり方で描いた。それは、日常の輝きに育てられた「世界の片隅」の栄光とでもいえるものである。

山代の『この世界の片隅で』に対して、こうのはすずが広島から呉に移る『この世界の片隅に』を描いた。この視点の移動により、広島だけではない、そして原爆の被害者だけではない、より多くの読者の共感を生む「普遍性」をこうのの作品は持ち得た。

早志はこうのの作品の良さを「直接的ではなく、間接的で抒情的」と評する。

保田の言葉に置き換えると「それぞれの人のこころに、それぞれの熱で届く」だ。
ここに、二〇〇万人もの人が、こうの原作の映画を観た秘密がある。

まもなく、実際に原爆を体験した人の声を直接に聴くことはできない時代がやって来る。世界的にみて、かつては日本のファシズムが原爆によって掣肘《せいちゅう》を加えられたのだという見方があった時代もある。だが一発の爆弾で数十万人もの命を消し去る原爆を前にして、広島、長崎の体験をどう伝えるのかは、今や人類的な課題となってくるのではないだろうか。

こうのと保田が共にいうように、原爆や戦争を伝える作品がたくさん生まれてほしい、と願う。その時の一つのキーワードは、「やわらかさ」ではないだろうか、と私は思う。それぞれの人のこころに、それぞれの熱で届いた思いが、こころの底に深く沈んでいって、いつしかあなたの考え方を変えて、次の一歩を踏み出すことにつながる——こうのが「記憶の器」と表現した、そういう伝わり方ではないだろうか。

このやわらかな伝え方で、世界に向かって『この世界の片隅』から、発信していける大きな可能性が開かれたのではないだろうか。

二〇一九年二月一日、アメリカのトランプ政権は、中距離核戦力（ＩＮＦ）全廃条約の破棄をロシアに通告した。大田や早志が体験した惨劇が、また繰り返される時代がやって来るのだろうか。

何としても、新しい力で止めなければならない。

二〇一九年六月

堀　和恵

編集部註／作品中に一部差別用語とされている表現が含まれていますが、作品の舞台となる時代を忠実に描写するために敢えて使用しております。

# 参考文献など

## 第一章

『山代巴　獄中手記書簡集』牧原憲夫　編　而立書房　二〇一三
『山代巴―中国山地に女の沈黙を破って』小坂裕子　家族社　二〇〇四
『秋の蝶を生きる―山代巴　平和への模索』佐々木暁美　山代巴研究室　二〇〇五
『山代巴―模索の軌跡』牧原憲夫　而立書房　二〇一五
「豊島区が記録したプロレタリア美術研究所」
http://chinchiko.blog.so-net.ne.jp/2014-07-07
『ヒロシマを伝える―詩画人・四國五郎と原爆の表現者たち』永田浩三　WAVE出版　二〇一六

『この世界の片隅で』山代巴 編 岩波新書 二〇一七
『解放の文学――一〇〇冊のこだま』音谷健郎 解放出版社 二〇一五

## 第二章

『大田洋子集』一~四巻 大田洋子 日本図書センター 二〇〇一
『日本の原爆文学 二 大田洋子』大田洋子 ほるぷ出版 一九八三
『草饐《くさずえ》――評伝 大田洋子』江刺昭子 大月書店 一九八一
『出来事の残響――原爆文学と沖縄文学』村上洋子 インパクト出版 二〇一五
『文学の力――戦争の傷痕を追って』音谷健郎 人文書院 二〇〇四
『松浦総三の仕事② 戦中・占領下のマスコミ』松浦総三 大月書店 一九八四
『検閲――禁じられた原爆報道』モニカ・ブラウ 立花誠逸 訳 時事通信社 一九八八
『桜の国――近代女性作家精選集42』大田洋子 ゆまに書房 二〇〇〇
『夏の花・心願の国』原民喜 新潮文庫 二〇一六
『黒い卵――完全版 占領下検閲と反戦・反原爆詩歌集』栗原貞子 人文書院 一九八三

『さんげ―原爆歌人　正田篠枝の愛と孤独』広島文学資料保全の会編　社会思想社
一九九五
「記憶の器として、日常を描きとめる」こうの史代
『アト・プラス―思想と活動』二〇一六年一一月号　太田出版
「特集　こうの史代」『ユリイカ』二〇一六年一一月号　青土社
「街を記録する大田洋子―『夕凪の街と人と―一九五三年の実態』論」川口隆行
『原爆文学研究』第10号　二〇一一　花書院
『原爆文学史』長岡弘芳　風媒社　一九七三

## 第三章

『複数のヒロシマ―記憶の戦後史とメディアの力学』福間良明・山口誠・吉村和馬　編
青弓社　二〇一二
『アト・プラス　思想と活動』二〇一六年一一月号　太田出版
『大純情くん』松本零士　講談社　一九七八

『罪と罰』手塚治虫　角川書店　一九九五
「台川」『オツベルと象』宮沢賢治　岩崎書店　二〇〇一
『呉の世界の片隅に―こうの史代先生応援本』ＩＭＤ・ＯＢ会　ＭＡＳＡ企画　二〇一七
『平凡倶楽部』こうの史代　平凡社　二〇一〇
『街角花だより』こうの史代　双葉社　二〇〇七
『ぴっぴら帳　前編』こうの史代　双葉社　二〇一七
『ぴっぴら帳　完結編』こうの史代　双葉社　二〇〇四
『こっこさん』こうの史代　宙《おおぞら》出版　二〇〇五
『夕凪の街　桜の国』こうの史代　双葉社　二〇〇四
「こうの史代ファンページ掲示板」https://6404.teacup.com/kouno/bbs?page=214&
「原爆や戦争　漫画で表現　こうの史代さん」
　『中国新聞』二〇一二年九月五日
『朝日新聞』二〇〇五年五月一〇日
『さんさん録』こうの史代　双葉社　二〇〇六
『この世界の片隅に』上・中・下　こうの史代　双葉社　二〇〇九

『ありがとう、うちを見つけてくれて―この世界の片隅に　公式ファンブック』
こうの史代他　双葉社　二〇一七
『「この世界の片隅に」公式アートブック』『このマンガがすごい！』編集部　宝島社
二〇一六
『マンガの「超」リアリズム』紙屋高雪　家伝社　二〇一八
『あとかたの街』おざわゆき　講談社　二〇一五
『マンガ家になる！』さやわか・西島大介編　ゲンロン　二〇一八
『原爆に生きて』日本の原爆記録３　山代巴編　日本図書センター　一九九一
「絵馬幻想」こうの史代
『コミックいわて　ななななっ』銀杏社　二〇一八
「リーゼと原子の森」こうの史代
『コミック　ゼノン　一二月号』徳間書店　二〇一八

## 第四章

『原爆の子―広島の少年少女のうったえ』長田新編　第二刷　岩波書店　一九七一
『「原爆の子」その後　改訂版―「原爆の子」執筆者の半生記』原爆の子きょう竹会編
　本の泉社　二〇一五
「証言で知るヒロシマ・ナガサキ―早志百合子」ＮＨＫ　二〇一四
　https://www2.nhk.or.jp/no-more-hibakusha/archives/detail/?das_
　id=D0019010073_00000
映画『ひろしま』関川秀雄　監督　独立プロ　一九五三
『日本被団協五〇年史　本巻　～ふたたび被爆者をつくるな～』
　日本原水爆被害者団体協議会　あけび書房　二〇〇九
『中国新聞』二〇一九年一月一九日
「被爆者七団体『ヒバクシャ国際署名』共同参加」原水協通信 On The Web

## 第五章

ピース・ポーター・プロジェクト　https://www.facebook.com/peaceporterproject/
ピース・ポーター・プロジェクト　平和を運ぶプロジェクト
http://www.kuredesign.net/ppp/main.html
『愛媛新聞』二〇一四年九月五日
「証言で知るヒロシマ・ナガサキ―新井俊一郎」ＮＨＫ　二〇一五
https://www2.nhk.or.jp/no-more-hibakusha/archives/detail/?das_id=D0019010083_00000
平和文化　Ｎｏ一八〇　被爆体験記　新井俊一郎
http://www.pcf.city.hiroshima.jp/hpcf/heiwabunka/pcj180/Japanese/08J.html
第三世代が考えるヒロシマ「　」継ぐ展　ヒロシマの記憶を継ぐ人
https://tsuguten.com/interview_yasuda/

**【著者紹介】**

堀　和恵（ほり　かずえ）

大阪市に生まれる。
中学校に勤め、社会科を教える。
その後、近現代史を中心に執筆活動にはいる。
著書『評伝　管野須賀子　―火のように生きて―』（郁朋社）

『この世界《せかい》の片隅《かたすみ》』を生《い》きる　――広島《ひろしま》の女《ひと》たち――

2019年7月26日　第1刷発行

著　者 ― 堀《ほり》　和恵《かずえ》

発行者 ― 佐藤　聡

発行所 ― 株式会社 郁朋社《いくほうしゃ》

〒101-0061　東京都千代田区神田三崎町2-20-4
電　話　03（3234）8923（代表）
ＦＡＸ　03（3234）3948
振　替　00160-5-100328

印刷・製本 ― 日本ハイコム株式会社



郁朋社ホームページアドレス　http://www.ikuhousha.com
この本に関するご意見・ご感想をメールでお寄せいただく際は、
comment@ikuhousha.com　までお願い致します。

 ISBN978-4-87302-700-5 C0095